마음공부心學,
영원한 행복의 길

마음공부 心學,
영원한 행복의 길

저　자ㅣ동귀일체
발행자ㅣ오혜정
펴낸곳ㅣ글나무
주　소ㅣ서울시 은평구 진관2로 12, 912호(메이플카운티2차)
전　화ㅣ02)2272-6006
e-mailㅣwordtree@hanmail.net
등　록ㅣ1988년 9월 9일(제301-1988-095)

2024년 3월 11일 초판 인쇄·발행

ISBN 979-11-93913-01-7 03250

값 13,000원

마음공부心學,
영원한 행복의 길

동귀일체同歸一體

영원한 행복을 찾아서

누구나 원하는 행복, 그러나 쉽지 않은 삶

사람은 누구나 행복을 원한다. 마음은 평안하고 경제적으로 여유 있으며, 지금 하는 일에서 보람과 가치를 찾고, 나아가 주변의 인정과 존경을 받을 수 있다면 더할 나위가 없을 것이다.

이러한 삶을 살기 위해 우리는 아침부터 밤늦게까지 각자 자신의 위치에서 소질과 능력을 개발하고 맡은 역할을 수행하기 위해 많은 노력을 기울인다.

그러나 현실은 녹록치 않다. 희망하고 계획한 대로 잘 진행되지 않는다. 항상 시간은 부족하고 여건은 충분하지 않으며, 때로는 예상치 못한 어려움에도 부딪힌다. 이 와중에 주변 사람들과 오해와 갈등을 빚으며 서로 상처를 주고받기까지 한다.

살아가면서 시행착오를 겪고 뼈아픈 실패를 맛보며 스트레스를 받고 불안과 고통에도 시달린다. 그리고 세상의 파도 속에서 점차 지치고 망가져 가는 자신을 발견한다. 이 굴레에서 벗어나기 위해 주변에 조언을 구하고, 책을 읽고, 운동·여행 등으로 돌파구를 열어보려 하지만 이마저 여의치 않다.

이렇게 하루하루 지내다 보면 금방 나이가 들어간다. 인생은 너무 짧다. 삶의 해법을 찾지 못하면서, 사람답고 행복한 시간 한번 제대로 가져 보지 못한 채, 벌써 인생의 끝을 생각해야 하는 때가 다가오는 것이다.

무엇이, 어디서부터 잘못된 것일까? 한 번뿐인 소중한 인생, 이대로 정처 없이 흘려보내기엔 너무도 답답하고 안타깝다.

이 책은 이러한 고민을 가진 분들에게 새로운 각오의 계기, 나아가 희망과 용기를 주고자 감히 준비되었다. 다뤄야 할 주제가 크고 깊은 만큼, 내용 또한 크고 깊고 근본적인 데서부터 시작했다.

나를 둘러싼 환경, 내 안의 본래생명

제1부에서는 나는 어떤 존재이며 어떤 환경에서 살고 있는지, 어떤 조건이 충족될 때 가치 있고 행복한 삶을 누릴 수 있는지를 살펴본다. 내 삶의 근본 여건인 하늘과 땅을 비롯, 해와 달, 공기의 혜택과 의미를 생각해 본다.

또한 나의 생명은 어떻게 시작되었고, 어떤 요소로 구성되어 있는지 짚어 본다. 이를 통해 바로 내 안에 '영원한 생명'을 간직하고 있음을 알게 될 것이다. 그리고 이 생명과의 관계를 회복하고 나아가 하나가 될 때 원하는 것을 이루고 '영원한 행복'도 찾을 수 있음을 깨닫게 될 것이다.

다함께 행복한 세상, 새로운 공동체를 향해

제2부에서는 사람들 모두 자기 안에 영원한 세상을 간직한 존재로서 가치 있고 행복한 삶을 보다 안정적·지속적으로 누리기 위해 바람직한 공동체, 즉 새로운 정치·경제 체제를 마련하여 다함께 행복한 세상을 만드는 문제에 대해 살펴볼 것이다.

우선 새로운 공동체가 지향해야 할 가치관과 사상, 구성 방향과 원리를 모색해 볼 것이다. 그런 다음, 구성원 모두에게 가치와 행복을 가져다줄 구체적인 정치·경제 체제로 '협동민주주의'를 제시할 것이다.

새로운 정치·경제 체제를 정립하기 위한 시도는 지금 우리 사회가 직면한 정치·경제적 혼란을 해결하고, 나아가 남북이 분단된 상황에서 바람직한 통일국가를 추구하며, 국제적으로도 바람직한 정치·경제 체제의 모델을 선보이는 의미가 있다고 생각한다.

부록에서는 현재 우리가 살아가고 있는 세상의 대표적 정치·경제 모델인 자유민주주의·자본주의, 사회주의·통제경제가 각각 어떤 체제이며, 어떤 특징과 한계를 갖고 있는지 구체적이고 깊이 있게 살펴볼 것이다. 이는 제2부에서 제시한 '협동민주주의' 체제가 어떤 새로운 특징과 의의를 갖는지 보다 분명하게 이해하는 데 도움을 줄 것이다.

이 책의 독자는 보다 가치 있고 행복한 삶에 관심을 갖는 모든 분이 될 것이다. 아울러 우리 사회와 이 세상의 근본적인 해법을 고민하고 있거나, 종교적 화두에 몰입하고 계신 분들에게도 새로운 통찰과 시사점을 제공해 줄 것이라 믿는다. 다루는 주제가 크고 깊은 만큼, 내용을 가급적 풀어쓰고 중요한 내용은 일부러 반복하는 등 최대한 쉽게 쓰려 노력했다.

다만 부록은 정치·경제에 관한 다소 전문적인 내용이 포함되어 있어 읽는 이에 따라 어려운 부분도 있을 것이다. 이 경우 부록은 굳이 읽지 않더라도 책의 취지와 전체 내용을 이해하는 데 무리가 없을 것이다. 내용에 부족한 점이 있다면 거리낌 없이 지적해 주기 바란다. 함께 진리를 배우는 열린 마음과 자세로 받아들일 것이다.

책을 내면서 많은 분이 함께하고 도움을 주셨다. 우선 책의 주제와 중심 내용을 정하는 데 지적·정신적 자양을 제공해 주신 故 태암 오명직·해운 임문호 두 분 선생님께 깊은 감사의 마음을 바친다. 그리고 검토 의견과 조언을 주신 서른여분들께 고마움을 전한다. 전체 내용을 검토하고 수정·보완 의견을 주신 동귀일체同歸一體 운암 오제운 고문님, 한주희·안춘우 부회장님을 비롯한 회원 여러분들, 또한 원고를 처음부터 읽으며 오탈자를 바로잡고 보다 쉬운 내용이 되도록 계속 주문해 주신 이미애·김영희·한윤석·이현우·이상우 님, 갑작스런 부탁에도 소중한 의견을 주신 주변 지인들께도 진심으로 감사드린다.

이 시대를 살아가는 개개인이 가치 있고 행복한 삶을 이루고, 마침내 이 세상이 다함께 행복한 공동체로 한시바삐 거듭나길 간절히 염원하며 책을 내놓는다.

2024년 3월 3일
동귀일체 회장 원암元菴 심고

차 례

마음공부心學, 영원한 행복의 길

차
례

무궁한 그 이치를
무궁히 살펴 내어
무궁히 알았으면
무궁한 이 울 속에
무궁한 내 아닌가

- 수운 최제우

제1부

내 안의 본래생명 찾기

사람은 성령性, 마음心,
육신身 3가지로 이루어져 있다.

들어가는 말

나는 지금 행복한가?

하루하루 의미 있는 삶을 살아가고 있는가?

만약 그렇지 못하다면 그 원인은 무엇일까?

그리고, 과연 어떻게 하면 가치 있고 행복한 삶을 열어갈 수 있을까?

이에 대한 답은 나 자신을 근본적으로 살피는 데서 찾을 수 있을 것이다. 나는 어떤 존재이며, 어디서 와서, 어떤 환경에서 어떻게 살아가고 있는지 되돌아보는 데서 시작해야 한다는 것이다.

한 번뿐인 삶, 소중한 인생을 가치 있고 행복하게 살아갈 수 있는 길을 찾아 나서 보자.

나는 어떤 존재인가?

1. 내가 사는 환경

나 자신을 알기 위해서는 먼저 지금 내가 살아가고 있는 환경부터 살펴볼 필요가 있다. 그간의 일상적이고 습관적인 생각에서 벗어나, 넓고 크고 깊은 시각과 마음으로 내 삶의 환경을 둘러보자.

이를 눈에 보이고 손에 잡히는 데서부터 시작해 보자.

지금 나의 머리 위에는 하늘이 있고 발 아래에는 땅이 있다. 만약 하늘이 위에서 덮고 보호해 주지 않는다면 내 육신은 뜨거운 태양열 때문에 단 몇 초 만에 타서 사라져 버릴 것이다.

또한 땅이 아래에서 받쳐 주지 않는다면 아무런 터전 없이 망망대해 우주 속의 붕 뜬 존재가 되고 말 것이다. 당연히, 내가 사는 집과 직장 등 모든 삶의 공간 자체가 사라질 것이며, 살아가는 데 필요한 많은 물건도 구할 수 없을 것이다.

뿐만 아니라, 나는 이 하늘과 땅 사이 가득한 '공기' 속에서 살아가고 있다. 공기가 없다면 숨을 쉬지 못할 것이며 내 목숨은 잠시도 존재할 수 없다. 목숨이란 '목으로 쉬는 숨'을 뜻하는 말이 아닌가.

이에 더해, 낮에는 해가, 밤에는 달이 번갈아 가며 적절히 비춰 주는 덕에 밝은 빛과 따뜻한 온기를 받으며 살아갈 수 있다.[1] 사계절이 갈마들고 틈틈이 비와 이슬이 내려 주므로 오곡백과가 자라날 수 있을 뿐 아니라, 온갖 동식물도 살아갈 수 있어 내 삶을 둘러싼 생태계가 유지될 수 있다.

즉 하늘과 땅, 공기, 해와 달이 마치 부모처럼 변치 않고 내 삶의 울타리와 터전이 되어 주기 때문에 평안하고 온전하게 살아갈 수 있는 것이다. 사실 지구는 평균 초속 325m로 자전하고, 초속 약 30km로 공전한다.[2] 그런데도 나는 아무런 불안과 불편을 느끼지 않고 이 하늘 아래 땅 위에서 보금자리를 일구며 살아가고 있다.

이러한 터전은 어떻게 마련되고 지속될 수 있는 것일까? 지금 내 삶을 가능하게 하는 환경을 그저 주어지는 당연한 것으로 여기지 말고, 새로운 시각과 마음으로 바라봐야 할 것이다.

---

1   우리는 낮에는 해, 밤에는 달 때문에 밝고 따뜻하게 살아간다. 생각해보면, 이렇게 밝고 따뜻한 광명을 평생토록 누릴 수 있다는 것은 정말 놀라운 일이자 큰 축복이 아닐 수 없다.

2   에마뉘엘 디 폴코, 김성희 옮김, 『지구는 왜 돌까?』, 황금가지, 2006, 24쪽.

2. 내 생명의 시작과 구성

그러면 이러한 환경 속에서 살아가고 있는 나는 어떤 존재인가? 사실, 이는 모든 어려운 가운데 가장 어려운 질문일지도 모른다.

이 역시 쉽게 접근해 보자. 나는 어떻게 구성되어 있는가? 잠시만 살펴보면, 나는 형체가 있는 부분과 형체가 없는 부분으로 이뤄져 있다. 이때 유형有形한 부분을 보통 몸 또는 육신이라 하고, 무형無形한 부분을 마음心, 성령性靈[3], 이치理와 기운氣[4] 등으로 부른다.

나는 아버지의 정자와 어머니의 난자가 만나 태어났다. 하지만 단순히 정자와 난자가 만난다고 해서 생명이 시작되지는 못하며, 반드시 '생명작용'이 있어야 한다. 이는 세상에 자식 없는 부부가 적지 않은 사실을 봐도 알 수 있다. 이 생명작용을 가능하게 하는 존재를 우리는 신神, 본래생명 등으로 부를 수 있을 것이며, 동학·

---

3   성령性靈에서 성性은 모든 물건과 일을 이루는 원리원소原理原素, 즉 근본 이치와 재료를, 영靈은 지각知覺, 즉 앎과 깨달음을 준비하는 이치를 말한다. 즉, 우주자연과 세상 만물萬物과 만사萬事는 성性에서 나왔으며, 마음도 그렇다(性=心+生). 그리고 모든 앎知과 깨달음覺은 영靈에서 나온다. 그러므로 성령은 모든 물건과 일, 앎과 깨달음의 원천인 것이다.

4   이치는 생명을 이루는 원리로, DNA도 여기에 해당한다. 기운은 이치와 결합하여 생명을 이루고 성장시키는 재료와 에너지이다. 나와 만물은 모두 이치와 기운으로 이뤄져 있고, 이 우주 공간은 이치와 기운으로 가득 차 있다. 이치와 기운은 따로 떼어 생각하기 어려우며 합쳐서 지기至氣, 성령으로도 부른다.

천도교에서는 성령性靈 또는 한울님天主[5]이라고 한다.

그리고 정자와 난자도 따지고 보면 애초 이 성령性靈에서 나온 것이다. 이렇게 성령의 생명작용에 의해 잉태된 사람은 어머니의 뱃속에서 열 달을 지나면 태어나는데, 육신이 완성되어 세상에 나오면서 '응애'하고 울음을 터트리는 바로 이때 알고 깨닫는(知覺) 기능을 가진 마음이 생긴다.[6] 물론, 이 마음도 성령에서 나온 것이다.

성령은 세상 모든 물건物과 일事, 그리고 지각知覺을 낳은 근원인 것이다. 그리고 성령은 나의 육신이 세상에 나온 후에도 생명의 원동력으로서 내 안에 계속 머물고 있다. 그러므로 나는 생명의 근원인 성령, 세상에 모습을 드러낸 육신, 그리고 마음 이렇게 3가지로 구성된다. 즉 사람은 성령性, 마음心, 육신身을 모두 갖춘 존재를 말하며, 이 중 하나라도 없으면 사람이라 할 수 없다.

이러한 성령과 마음과 육신은 각자 고유한 속성을 갖고 자기의 역할을 수행한다. 성령은 기본적으로 나의 생명을 유지해 주며, 생

---

5   동학을 창도한 수운 최제우는 『용담유사』에서 '흥눌님'으로 표기했는데, 현대 국어로 바꾸는 과정에서 '한울님'으로 표기하게 되었다. 최제우가 동학을 처음 편 〈포덕문布德文〉에는 天主(천주)로 표기하였다. ; 천도교에서는 이돈화(1884-미확인)가 '한'은 '크다'는 뜻이며, '울'은 '우주 전체'를 가리킨다며 '한울님'이라고 부르는 것이 옳다고 주장하면서 본격 사용되었다.(이돈화, 『신인철학新人哲學』, 일신사, 1963, 11-12쪽)

6   의암 손병희는 "아기가 태어난 지 2분 만에 지기至氣를 접하여 마음이 생긴다"고 하였다.(최영준, 『묵암선생 여시아문집』, 1975, 55쪽)

각하고 말하고 움직일 수 있는 힘과 지혜와 능력의 원천이 되어 준다. 육신은 성령과 마음이 머무는 공간이자 이 세상에서 살아갈 수 있게 해주는 좋은 도구가 된다.

그리고 마음은 성령과 육신 둘 사이에서 – 한편으로는 성령으로부터 힘과 지혜와 능력을 얻고, 다른 한편으로는 육신을 사용하여 – 세상과 소통하면서 나의 생각과 말과 행동을 주관하는 중개자·주관자 역할을 함으로써, 이 세상에서 사람으로서 역할을 할 수 있게 해 준다.[7]

또한, 한 개인이 무형한 성령과 마음, 유형한 육신으로 구성되어 있는 것처럼, 이 우주도 크게 무형한 전체성령과 유형한 삼라만상으로 이뤄져 있다. 그리고 사람은 형체가 있는 존재 중 가장 지혜롭고 으뜸간다고 하여 만물의 영장靈長으로 불리어 왔다.

---

7 "마음은 성품으로써 몸이 나타날 때 생기어 형상이 없이 성품과 몸 둘 사이에 있으면서 모든 이치와 모든 일을 소개하는 중요한 부분이 되느니라." 손병희, 『무체법경無體法經』〈성심신 삼단性心身 三端〉

3. 행복의 기본 요건

나는 성령과 마음과 육신 3가지로 구성되어 있다. 그렇다면 나는 어떤 기본적인 조건이 충족될 때 행복할 수 있는가?

가. 마음의 평안

먼저, 내 몸 안에 있는 성령性靈부터 살펴보자.

원래 성령은 한없이 맑고 깨끗하며滿淨 무한한 생명과 능력과 지혜, 무한한 보고寶庫[8]의 속성을 갖는다. 성령은 이러한 고유속성을 지닌 채 모든 생명을 낳고 다시 그 안에서 살면서 생명을 기르는 일을 한다.[9] 즉, 생명을 낳고生 살면서生 살리는生 것을 유일한 목적

---

8   우주 전체성령이 인간을 포함해 생물과 무생물 등 보물 같은 만물을 생성·저장하는 창고의 역할을 함을 뜻하는 말이다.

9   "나에게 한 물건이 있으니 물건이란 것은 나의 본래의 나니라. 이 물건은 보려 해도 볼 수 없고, 들으려 해도 들을 수 없고, 물으려 해도 물을 곳이 없고, 잡으려 해도 잡을 곳이 없는지라, 항상 머무는 곳이 없어 능히 움직이고 고요함을 볼 수 없으며, 법으로써 법하지 아니하나 만법이 스스로 몸에 갖춰지며, 정情으로서 능히 기르지 아니하나 만물이 자연히 나는 것이니라. 변함이 없으나 스스로 화해 나며, 움직임이 없으나 스스로 나타나서 천지를 이루어 내고 도로 천지의 본체에서 살며, 만물을 생성하고 편안히 만물 자체에서 사니, 다만 천체를 인과로 하여 선도 없고 악도 없고 나지도 멸하지도 않으니, 이것이 이른바 본래의 나我니라." 손병희, 『무체법경無體法經』〈삼성과三性科〉

으로 하는 존재이다.[10]

그러므로, 성령은 바로 신神이며 한울님이다. 나 역시 이러한 성령으로부터 생명을 시작했고, 태어날 때부터 이 성령을 계속 내 안에 품고 있다. 그러나 그동안 마음을 계속 육신 위주로만 쓰면서 세상의 물욕과 습관에 물이 들어 마치 병 속의 밝은 빛이 티끌에 가린 것처럼, 나의 본래인 성령을 잊고 잃어버린 채 살아온 것이다. 성령性靈 자체는 속성의 변함없이 내 안에 그대로 존재하나, 내가 스스로 그러한 성령과의 관계를 끊고 닫아버림으로써 지혜와 능력을 제대로 쓰지 못하고 있는 것이다.

그렇다면 내 마음心은 어떠한가?

사실 마음에 두려움이나 불안함 없이 평안을 유지하고, 스스로 믿음에 차 있으며, 미래에 대해 희망과 용기를 갖고 있다면 행복하다 할 수 있을 것이다. 원래 나의 마음은 성령에서 처음 나왔을 때는 성령의 속성을 그대로 받아 맑고 깨끗하며, 밝고 지혜로웠다. 또한 온화하고 공손하며 일절 장애가 없이 호탕한 상태였다.[11] 그러나 세상을 살아가는 과정에서 마음을 육신 위주로 쓰면서 점점

---

10   호남 지역 천도교의 큰 인물이자 깊은 수련으로 유명했던 오문술(1902-1972)은 성령, 즉 한울님의 작용과 이를 본받아야 할 사람의 바람직한 삶을 '태어나서生, 살며生, 살리는生' 삼생지도三生之道로 압축하여 설명하였다.

11   "심령心靈은 오직 한울이니, 높아서 위가 없고 커서 끝이 없으며, 신령神靈하고 호탕하며, 일에 임하여 밝게 알고 물건을 대함에 공손하니라." 최시형, 〈수심정기守心正氣〉

물욕에 빠지고 나쁜 습관이 들게 되었다. 즉, 물질에 대해 자꾸 욕심을 내고 사사로운 정情을 두게 된 것이다.[12]

사실 내 마음을 성령에서 나올 때의 본래 상태 그대로 유지하기란 결코 쉬운 일이 아니다. 세상 사람 거의 대부분이 본래의 성령 상태를 잊고 잃어버린 채 육신 위주의 관념觀念에 빠져 인생의 분명한 목표 없이 오늘은 이런 마음, 내일은 저런 마음으로 하루하루 살아가는 것이 현실이다. 더욱이 요즘같이 물질적 가치가 중시되고, 경쟁과 갈등이 치열한 세상에서는 그 정도가 더욱 심해져 많은 사람들이 육신관념肉身觀念에서 헤어나지 못한 채 매일매일 불안과 고통에 시달리며 살고 있다.

이런 점을 생각하면, 내가 행복할 수 있는 길은 마음의 감정과 물욕을 씻어 내고, 불안과 고통을 극복하는 데서부터 찾을 수 있다. 그리고 이는 바로 내 안의 성령, 한울님과의 관계를 다시 회복할 때 가능함을 알 수 있다.

그런데, 이러한 회복 과정은 다름 아닌 내 '마음心'으로 할 수 있는 일임을 알아야 한다. 내 안의 '무형한' 성령, 한울님과의 관계는 역시 '무형한' 내 마음으로 다시 복원하고 발전시킬 수 있기 때문이

---

12   이를 육신 위주의 생각이라 하여 '육신관념肉身觀念', 또는 물질에 정情이 들어 버렸다 해서 '물정심物情心'이라 한다.

다.[13] 따라서 스스로 육신관념 위주의 상태에서 벗어나 성령과의 관계를 회복하겠다고 다짐한 후, 마음으로 그 과정을 본격 밟아나가는 정성을 기울여야 한다.

이처럼 내 마음을 본래의 바르고 참된 상태로 되돌리기 위해 변치 않고 정성을 기울여나간다면, 다시 성령과 원활히 통하게 되고 같은 상태에도 이를 수 있다. 그렇게 되면, 스스로 한없이 맑고 깨끗하고 밝고 지혜로워져 무한한 행복을 누리게 되는 것이다.

나. 몸의 건강·복지

행복의 조건을 얘기할 때 빠뜨릴 수 없는 것이 육신이다.

나는 무형한 성령과 마음만으로는 이 세상에 존재할 수 없으며, 반드시 유형한 육신이 있어야 한다. 육신이 있어야 성령과 마음도 머무를 장소를 얻고, 이 세상에서 주어진 역할을 제대로 수행할 수 있기 때문이다. 육신의 편안함과 즐거움에만 빠져 버리는 육신관념은 나쁜 것이지만, 육신 그 자체는 사람에게 꼭 있어야 하는 필수 요소이다.

---

13   무형한 성령, 한울님은 좋은 물건이나 건물 등 유형한 물질보다 무형한 마음으로 잘 대하고 모실 때 기뻐한다. 내가 무형한 마음으로 믿고 공경하고 정성 드릴 때 한울님은 정말 좋아하며, 관계가 자꾸 발전하고 마침내 같은 상태에도 이르게 되는 것이다.

그러므로 사람이 행복해지기 위해서는 육신의 건강과 복지가 갖춰져야만 한다.

구체적으로, 경제 활동으로 의식주를 마련하고, 올바른 언행으로 주변 사람들과 사이좋게 지내며, 규칙과 법률을 준수함으로써 사회와 국가의 보호를 받는 것 등이 필요하다. 육신을 유지하고 보호하는 일을 소홀히 한다면 반쪽짜리 사람에 지나지 않게 된다. 육신은 세포 활동을 통해 생명을 유지하므로, 당장 먹거리를 필요로 한다. 질병과 고통을 막아줄 위생과 의료도 있어야 하며, 적당한 운동을 통해 건강관리도 해줘야 한다. 외부 위험으로부터 안전과 사생활을 보호해 줄 옷과 집 등도 있어야 한다.

또한 사람은 부모 형제로부터 시작하여 다른 사람들과 관계를 맺고 사회를 이루며 살아간다. 이는 사람이라면 후손을 낳는 데 따른 자연스런 결과이기도 하지만, 동시에 서로 보호와 안전, 정서적 욕구를 충족하기 위한 것이다.

내가 그야말로 핏덩어리로 태어나 세상에서 이만큼 살아올 수 있었던 데는 주변 사람들과 함께하는 공동체, 즉 사회와 국가가 중요한 역할을 하였다. 나 혼자서는 육신을 유지하는 데 필요한 많은 물품을 마련하는 것은 물론, 각종 재난 재해나 위험으로부터 생명을 지키기도 어렵다. 무엇보다 혼자서는 정신적으로 인생의 의미를 찾고 진리를 깨달으며 성숙해지기 어렵다.

이러한 모든 것들은 나의 행복이 어떠한 공동체 속에서 어떻게 살아가느냐에 큰 영향을 받을 수밖에 없음을 말해준다. 나의 행복이 사회 제도와 규칙, 정치·경제에 연결되어 있는 것이다.

이상과 같이 육신의 유지와 보호에 필요한 현실적인 문제까지 해결될 때 비로소 나는 사람으로서 온전한 행복을 누릴 수 있다.

4. 행복의 심화 요건

가. 내 안의 본래생명 찾기

나는 성령性, 마음心, 육신身 3가지로 구성되어 있다고 하였다. 그런데, 이들은 각자 고유한 속성을 갖고 자기만의 역할을 수행한다. 성령·마음·육신은 각각 어떤 속성을 가지며, 어떤 역할을 수행하는가? 그리고 이들을 어떻게 활용할 때 가장 가치 있고 행복한 삶을 일궈 나갈 수 있는가?

성령性靈

먼저 첫째로, 성령은 앞에서도 말했듯이 본래부터 맑고 깨끗하며, 무한한 지혜와 능력과 보고寶庫의 속성을 갖는다. 그리고 지금 내 안에 있는 성령은 우주 전체성령과 하나이다. 사실 이 우주도 한 개인처럼, 무형한 부분과 유형한 부분으로 구성되어 있다. 유형한 부분은 우리 눈에 보이는 해와 달과 별, 동물, 식물, 광물 등 우주자연과 삼라만상이다. 무형한 부분은 존재하지만 눈으로 볼 수 없는 것으로, 신神, 성령性靈, 한울님天主, 본래생명, 이치와 기운, 지기至氣 등으로 부른다. 사람을 비롯한 모든 유형한 존재는 무형한 데서 나왔으며, 각자 자기의 역할과 수명을 다하면 다시 무형한 세계로 돌아간다.[14] 바로 이 무형한 신, 성령, 한울님이 나를 만들고 다시 내 안에 들어와 지금 살고 있는 것이다(내유신령內有神靈).

둘째, 이 성령, 즉 한울님은 시작도 없고 끝남도 없는 존재이다. 즉 나지도 죽지도 않고, 새는 것도 더함도 없이 항상 그렇고 그렇게 如如 존재해 왔고 존재해 간다. 그야말로 영원한 생명의 존재인 것이다. 이는 사람이 무형한 마음으로 성령, 한울님 상태를 회복하고 하나가 되면 똑같이 영원한 생명을 누릴 수 있음을 뜻한다.[15]

셋째, 성령, 한울님은 또 한 가지 중요한 속성을 갖는다. 그것은 바로 착하고 악한 것, 기쁘고 화나는 것, 슬프고 즐거운 것, 밉고 고운 것, 바르고 그른 것 등의 분별이 없다는 것이다. 성령은 이러한 일체의 분별을 넘어서서 생명 그 자체를 낳고 기르는 일을 변함없이 수행한다. 이 덕분에 이 세상과 우주는 어떤 상황에서도 계속 유지되고 발전할 수 있는 것이다.[16]

---

14 "우주는 원래 영靈의 표현인 것이니라. 영의 적극적 표현은 이것이 형상 있는 것이요, 영의 소극적 섭리攝理는 이것이 형상 없는 것이니, 그러므로 형상이 없고 형상이 있는 것은 영의 나타난 세력과 잠겨 있는 세력의 두 바퀴가 도는 것 같으니라." 손병희, 〈성령출세설性靈出世說〉

15 "성품性과 마음心의 본체는 원인도 결과도 아니며, 증거할 것도 닦을 것도 없고, 또한 모습도 없는 것이니라. 텅빈 것 같아서 가지려 하여도 능히 얻지 못하며 버리려 하여도 능히 버리지 못하며, 가고 오는 것도 스스로 있어 항상 머물러 있는 곳도 없고, 미묘해서 보기도 어렵고 말하기도 어려우나, 그러나 사람이 능히 스스로 움직이고 쓸 수 있는 것이니라." 손병희, 『후경後經 2』

16 사람도 일체 분별이 없는 이 성령 상태를 온전히 회복할 때, 비로소 어떤 상

이상을 본다면, 성령 자체에는 별다른 문제가 없으며 결국 내가 '마음心'으로 이 성령을 어떻게 활용하는가가 중요함을 알 수 있다.

육신肉身

그러면, 나의 육신은 어떠한가?

첫째, 육신은 생명에 한계가 있다. 일정한 시기까지는 성장하다가, 그 이후는 차츰 활력이 떨어지고 늙어가며, 마침내 죽음에 이른다. 요즈음 과학과 의료기술의 발달로 인간 육신의 수명이 아무리 길어졌다 해도 100년 안팎에 불과하다. 생명의 기간이 우주 전체성령, 한울님에 비하면 정말 짧은 순간에 지나지 않는다.

둘째, 육신은 하나의 생명체로 살아가기 위해 의식주를 비롯한 많은 물품을 필요로 한다. 육신은 물질로 구성되어 있다. 그러므로 머무를 물리적 공간과 먹고 입고 사용할 각종 물건이 필요하다.

셋째, 육신의 또 한 가지 중요한 속성은 더욱더 보기 좋고, 듣기 좋으며, 냄새 좋고, 맛있으며, 촉감 좋고 안락한 것을 계속 추구한다는 데 있다. 대표적으로, 나의 혀끝에는 미각세포가 있어 본능적으로 더 맛있는 것을 찾고, 피부에는 감각세포가 있어 더 뛰어난 촉

황 속에서도 흔들리거나 변하지 않고 생명을 살리며 바르고 참됨을 추구할 수 있게 될 것이다.

감을 찾게 되어 있다.

그리고 나의 몸은 24시간 계속 움직일 수는 없으며 하루 몇 시간 이상은 잠을 자고 휴식을 취해야 한다. 이러한 육신의 속성은 모두 자기 생명을 유지하기 위한 것으로, 뒤이어 설명하게 될 마음의 속성과 더불어 나의 삶에 매우 중대한 영향을 끼친다.

마음心

나의 마음은 어떠한가? 내 마음도 역시 성령으로부터 나왔으며, 이 때문에 본래는 맑고 깨끗하고, 밝고 지혜로우며, 일절 장애가 없는 상태였다.

이러한 마음은 첫째, 성령으로부터 '알고 깨닫는' 지각知覺 능력을 받아 모든 일을 계획·판단하고 실행할 수 있다.

둘째, 사람은 만물 중 으뜸가는 존재답게 이 마음을 쓰는 데 있어 '자유自由'를 갖는다. 이로 인해, 마음은 내 안의 성령이 갖고 있는 무한한 생명 에너지, 지혜와 능력을 받아 육신을 사용함으로써 내가 이 세상에서 주어진 역할을 하며 살아갈 수 있게 한다.[17] 즉, 성령과 육신의 사이에서 내 삶 전체를 관장하는 중요한 역할을 수행

---

17 사람이 마음공부를 하여 내 안의 성령과 통하고 본래 상태를 회복하게 되면, 성령이 제공하는 무한한 보고寶庫를 '활용할 수 있는' 능력도 갖게 된다.

하는 것이다.

가장 중요한 것은 마음의 세 번째 속성이다. 즉, 마음은 이상과 같이 뛰어난 기능을 갖고 있으나, 그만큼 세상의 물욕物慾이나 나쁜 습관에 물이 잘 들고, 사사로운 정情에 빠지기 쉽다.[18] 특히, 요즘같이 돈과 명예를 중요하게 여기는 세상에서는 더욱 그러하다.

그런데 이처럼 마음이 육신의 편안함과 즐거움安樂을 충족시키는 데만 몰두하다 보면, 결국에는 자기 존재의 근본인 성령은 전혀 돌아보지도 않는 상태에 이르게 된다. 이렇게 되면, 내 삶에 심각한 문제가 생긴다. 육신은 그 속성상 점점 더 편안하고 즐거운 것을 찾게 되고, 마음은 이러한 육신에 계속 편안함과 즐거움을 제공하려 든다. 나중에는 이것이 자기의 본래 역할인 줄 착각하고 마침내 육신의 노예가 되어버리고 만다(육신관념肉身觀念).

당초 육신의 주인 노릇을 하며 한울님의 뜻과 본성에 맞게 육신을 사용해야 하는 본래 역할, 이 세상의 좋은 목적과 일에 육신을 사용해야 하는 자기 사명을 완전히 잊어버린다. 그리고 마침내 스스로 육신의 굴레에서 도저히 벗어날 수 없는 상태에 이르면서, 삶이 그야말로 '고통의 바다苦海' 속으로 깊이 빠져들게 된다.[19]

---

18 "마음은 성령과 육신이 합하여 사람이 된 후에 사람이 세상에 대하여 교섭하는 직책을 맡은 자인 고로, 항상 세상 정욕情慾이 많으니라." 손병희, 〈현기문답玄機問答〉

19 나의 육신을 분해해 들어가면, 분자로 이뤄져 있고, 분자는 다시 원자로 나눠

이 과정에서 내 마음은 처음 세상에 태어날 때의 맑고 깨끗하며, 밝고 지혜롭고, 온화하고 공손하며, 호탕한 본래의 속성을 잊고 잃어버리고, 손상되고 왜곡되고 병들게 된다. 그러면서 성령과 점점 거리가 멀어지고 마침내 연결 통로까지 막히게 된다. 본래의 밝고 지혜로운 상태를 잊고 잃어버림으로써 점차 어리석고 어두운 상태로 변해 간다.

이렇게 되면, 내 육신도 이치에 맞지 않게 사용하게 되어 갈수록 상하고 병들고 망가지게 된다. 나아가 우주 전체성령이 이 세상에 마련해 주는 무한 보고寶庫의 각종 물품을 활용할 수 있는 지혜와 능력도 잊고 잃어버리게 된다. 결국에는 내 몸이 필요로 하는 기본적인 물품을 마련하는 데도 어려움과 장애를 겪게 된다.

뿐만 아니라, 세상 사람이 모두 마음을 육신의 편안함과 즐거움을 추구하는 데만 쓰게 되면, 공동체 내부의 갈등과 대립은 점점 심

진다. 이 원자는 소립자 즉, 전자와 중성자, 양성자로 이뤄져 있다. 원자의 핵은 중성자와 양성자의 결합으로 이뤄져 있다. 그런데, 이 소립자들은 어떤 때는 실체가 있는 입자로 존재하다가 어떤 때는 에너지의 흐름으로 존재한다. 즉, 실체가 불분명한 것이다. 또한, 전자와 핵 사이에는 상당한 거리가 있으며, 이곳은 비어 있는 공간空이다. 그러고 보면, 인간의 육신은 실체가 없으며 심지어 비어 있는 부분이 많음을 알 수 있다. 알고 보니, 색은 공이고 공은 색인 것이다(色卽是空 空卽是色). 가장 대표적인 물질인 내 육신조차도 이처럼 실체가 불분명한데, 이러한 물질을 소유하려는 인간의 욕심은 얼마나 허무한 것인지 알 수 있다. 우리는 과연 무엇을 중시하는 삶을 살아야 하는지 깊이 생각하게 하는 대목이 아닐 수 없다.

해질 것이다. 인간의 욕심은 필요로 하는 물품을 만들어 내는 능력보다 훨씬 더 빨리 커지기 때문이다. 이러한 모습은 지나간 역사에서는 물론, 현대 사회에서도 너무나 생생하게 볼 수 있다.

〈 성령 · 육신 · 마음의 속성 〉

구 분	속성
성령 性	■ 무한 생명 · 지혜 · 능력 및 보고寶庫를 가짐. 맑고 깨끗함 ■ 생과 사, 시작과 끝始終, 새고 더함(누증漏增)이 없음 ■ 선과 악, 밉고 고운 것, 좋고 싫은 것 등의 분별이 없음
육신 身	■ 유한한 생명, 먹거리 등 각종 물품이 필요함 ■ 더 보고 듣기 좋고, 냄새 · 맛 · 촉감 좋고 편한 것을 찾음

마음
心
	■ 느끼고 알고 헤아리고 깨닫고 계획하는 기능이 뛰어남
	  * 이런 기능을 쓰는데 '자유'를 가지며, 이를 바탕으로 성령과 육신의
	  가운데에서 중간자 · 소개자 역 수행
	■ 세상의 물욕과 나쁜 습관에 잘 물들고 빼앗김

참眞으로 돌아가는 길

그렇다면, 어떻게 해야 하는가?

여기에는 다른 방법이나 길이 없다. 바로 내가 나온 근본, 내 삶이 시작된 곳, 즉 성령과 한울님으로 돌아가는 데서 답을 찾아야 한다. 무엇이든 그렇듯 문제가 발생하기 이전의 상태로 돌아가는 것이 중요하다.

이를 위해서는 우선 성령, 한울님이 아니었다면 내 존재 자체가 불가능했음을 '알고 믿어야' 한다. 그리고 나의 무형한 마음으로 내 안의 무형한 성령에 집중하면서 다시 소통을 시작해야 한다. 그렇게 할 때 새로운 삶의 길, 참眞으로 돌아가는 길을 찾을 수 있다. 내 안의 성령과 다시 연결 통로를 냄으로써 맑고 깨끗하고, 밝고 지혜로우며, 일절 장애가 없는 상태를 회복해 나가야 한다.[20]

그러면 무한한 지혜와 능력, 보고寶庫를 다시 사용할 수 있게 되어 희망과 용기, 건강[21]과 행복이 가득한 삶을 열어나갈 수 있을 것이다. 뿐만 아니라, 이 세상에서 내가 잘할 수 있고 해야 하는 역할과 사명도 찾고 실행할 수 있다. 이렇게 나부터 먼저 육신 위주의 삶에서 벗어나 성령으로 돌아갈 때 가족과 주변 사람들도 바르고 참된 성령, 한울님의 길로 이끌 수 있다.

---

20 앞서 보았듯 유형한 육신은 실제로는 에너지 흐름의 상태이거나 많은 빈 공간으로 이뤄져 있는 등 실체가 불분명하다. 내가 고통의 바다에서 벗어나 가치 있고 행복한 삶을 살아가기 위해서는 나를 낳고 내 안에서 지혜와 생명의 원천이 되고 있는 무형한 성령에서 답을 찾고, 이를 주체로 삼는 자세가 필요하다.

21 동양철학에서는 이 성령, 한울님을 무극無極, 태극太極이라 하여 우주만물이 나오는 근본으로 보았다.(김석진, 대산 주역강의(1), 한길사, 2007, 62-70쪽) ; 해월 최시형은 "태극은 현묘한 이치니 환하게 깨치면 만병통치의 영약이 된다"(〈영부주문靈符呪文〉)라고 하여 이 근본 상태를 회복하면 어떤 질병이든 나아 건강해질 수 있다고 하였다.

그리고 이 과정에서 내가 속한 공동체를 한울님의 뜻과 본성에 맞게 구성하고 운영할 수 있는 올바른 제도와 규칙, 정치·경제 방식을 마련함으로써 인류 모두가 행복한 세상地上天國도 이뤄나갈 수 있을 것이다.[22]

나. 참회와 반성

그러면 나의 근본인 본래성령, 한울님 상태를 회복하는 길, 즉 참眞으로 돌아가는 길은 어떻게 열 수 있는가?

이는 다름 아닌 바로 내 존재와 삶을 가능하게 해준 무형한 성령, 한울님의 은혜를 '알고 감사하는' 데서부터 시작할 수 있다. 나는 애초 아버지와 어머니의 사랑, 한울님의 생명작용이 있었기에 존재할 수 있었다. 그리고 내가 지금까지 생명을 유지해 오는 데 나 혼자의 노력이 차지하는 비중은 그리 크지 않음을 알아야 한다. 아무리 현대 과학기술이 발달했다 하더라도, 한울님이 마련해 주신 삶의 터전, 먹고 입고 사용할 물품을 만드는 기본 재료 자체가 없었다면 어떻게 털끝만 한 것이라도 이룰 수 있었겠는가.

그리고 이러한 감사의 첫걸음은 내 존재 자체가 한울님과 한울님

---

22 본래의 성령으로 돌아갈 때 세상 사람들과 함께 잘 살아갈 수 있는 마음 상태가 될 수 있으며, 그러한 공동체를 만들어 가는데 필요한 지혜와 능력도 얻고 발휘할 수 있을 것이다.

이 마련해 주신 환경 덕분에 가능했음을 마음으로 받아들이는 것이다.

내가 어려서 어머니의 젖을 먹는 것도 무형한 성령 즉, 한울님의 은덕 때문임을 알아야 한다. 내가 먹거리를 마련할 수 있는 것은 봄에 씨 뿌리고 여름에 잡초를 뽑고 가을에 거두는 노력을 했기 때문이지만, 조금만 더 들여다보면 무형한 성령, 한울님 없이는 애초 아무것도 이룰 수 없었음을 알 수 있다. 즉, 나는 씨앗을 뿌렸을 뿐인데 저절로 싹이 트고, 거름을 주고 잡초를 제거해 주었을 뿐인데, 알아서 광합성 작용을 하며 자라 열매까지 맺은 것이다.

사실 이때 중요한 것이 공기空氣의 역할이다.[23] 이 보이지 않는 공기는 바로 기운氣이며, 이 공기 속의 핵심 요소, 즉 요점要點이 이치理이다. 세상 만물이 각자 고유한 이치를 중심으로 기운이 엉기면서 생명을 시작하고 성장한다.[24] 그런데 이러한 공기도 이미 마련되어 있을 뿐 아니라, 하늘이 덮고 땅이 실어 주며 해와 달이 빛과 온기를 제공하는 등 모든 여건이 갖춰진 가운데, 나는 약간의 노력만 보탰을 뿐이다.

23　공기는 기운과 이치를 포괄하며, 지기至氣(지극한 기운)라고도 할 수 있다. 사람도 어머니 뱃속에서는 양수羊水로 호흡하다 세상에 태어난 후에는 공기, 즉 지기를 호흡하며 살고 성장한다.

24　생물에게는 DNA가 이치라고 할 수 있다. 사람과 소, 돼지, 벼와 보리, 배와 사과 등이 되는 고유한 이치(DNA)가 있으며, 여기에 기운이 엉기면서 생명이 시작되고 자라는 것이다.

그러므로 하늘과 땅, 우주자연, 무형한 한울님으로부터 얼마나 큰 은덕을 입었는지 알아야 한다. 하늘과 땅, 무형한 한울님이 바로 내 생명과 삶을 가능하게 해 주시는 진정한 부모(天地父母)임을 깨달아야 한다.[25]

이처럼 천지의 은덕을 입은 줄 알았다면 당연히 감사할 줄 알아야 한다. 사람이라면 마땅히 그래야 하며, 이것이 짐승과 다른 점이다. 그런데 이러한 감사에 앞서 반드시 해야 할 일이 있다. 그것이 바로 참회懺悔와 반성反省이다. 즉, 지금까지 하늘과 땅, 공기, 해와 달로부터 온갖 은혜와 은덕을 입으면서도, 이를 제대로 알지 못한 채 나 혼자 잘난 줄만 알고 한 번도 감사할 줄 모르고 살아온 데 대해 진심으로 부끄러워하며 참회반성할 줄 알아야 한다는 것이다.

내 생명을 있게 해 준 크나큰 은덕을 여태까지 몰랐던 만큼, 그 참회반성은 크고 깊고 진실하여야 할 것이다. 참회반성을 할 때는 일체의 가식과 체면을 버리고, 가슴 속 깊은 데서부터 나오는 눈물을 흘려야 한다. 그동안의 무지와 잘못을 오롯이 참회반성하면서 모든 것을 내려놓고 통곡해야 한다.

중요한 것은, 이러한 참회반성을 통해 마음 깊이 눈물을 흘릴 때 내 안의 성령, 한울님과의 본격적인 만남이 시작된다는 사실이다.

---

25 "천지天地는 곧 부모요, 부모는 곧 천지니, 천지부모天地父母는 일체니라." 최시형, 〈천지부모天地父母〉

내가 진심 어린 참회반성을 할 때 한울님은 드디어 깨어나기 때문이다.[26] 이때부터 나와 한울님과의 진정한 소통과 교감이 시작된다. 그리고 일단 이러한 만남이 시작되면, 그동안 육신관념에 물들었던 마음과 기운도 맑고 깨끗한 한울님과 화化[27]하면서 본래의 상태로 되돌아가기 시작한다.

다. 감사와 보은

이처럼 진실한 참회반성을 하면 천지부모님의 무한한 은덕에 감사할 줄 아는 마음이 내 안에서 자꾸 솟아나는 것을 경험하게 될 것이다. 나의 삶이 하늘과 땅, 해와 달, 공기와 온갖 재료, 그리고 궁극적으로 내 안의 성령, 나아가 우주 전체성령, 한울님이 있기 때문에 가능했음을 깨닫고 진심으로 감사하게 되는 것이다.

이처럼 내 안의 성령, 한울님께 감사의 마음을 자꾸 표하는 것이 진정한 부모님께 효도하는 것이며, 나의 근본을 튼튼하게 하는 것이다. 그리고 이러한 참회와 감사가 바로 나를 괴로움과 물욕의 바

---

26 공부가 진전되어 내 안에 한울님이 계심을 확신하게 되면, 그간 내가 세상을 살면서 화내고 속상하고 원망하고 절망하며 마음을 함부로 씀으로써 내 안의 한울님을 불안하고 상하게 하면서 오래도록 불효不孝했음을 알게 되어, 깊은 2차 참회반성을 하게 될 것이다. 이때 공부가 한층 더 깊어지게 된다.

27 어떤 대상과 서로 통하며 같은 상태로 변화하는 것.

다에서 벗어나고 한울님이라는 참眞의 세계로 돌아가게 해주는 최고의 방법이다.[28] 한울님의 은덕을 보다 절실하게 깨닫고 깊이 감사할수록 나의 본래, 참으로 돌아가는 길은 더욱 안정되고 원활해질 것이다.

그런 면에서 이 감사의 마음을 내는 것은 사람이 할 수 있는 가장 고귀한 실천이며, 이 마음은 우주자연에서 가장 가치 있고 소중한 것이다. 사람들이 자기 근본에 대한 감사의 마음을 계속 심화시켜 나가면 언젠가 모든 인류도 다 함께 바르고 참된 길로 돌아갈 수 있을 것이다.

또 한 가지, 이처럼 내 안에서 진실한 참회반성과 감사의 마음을 더해갈 때 내 존재 자체에 대해서도 진심으로 감사하게 된다. 내 생명을 낳은 분이 바로 그 높고 귀한 한울님이며, 지금까지 살아가고 있는 것이 무형한 부모인 한울님과 육신 부모의 사랑과 헌신 때문임을 깨닫게 되기 때문이다.

사실 나는 한울님의 은덕으로 부모님의 몸을 통해 몇억 분의 1의 소중한 기회[29]를 얻었기에 생명을 시작할 수 있었다. 뿐만 아니라, 어머님이 10개월간 뱃속에 품고 당신의 몸 이상으로 노심초사 키

---

28 이는 우리가 알고 있는 육신부모에 대한 효를 근본적인 부모인 천지부모 즉, 무형한 한울님에 대한 보다 넓고 크고 깊은 효로 승화시키는 첫걸음이다.

29 건강한 남성이 1회 사정으로 방출하는 정액에는 2-3억의 정자가 들어 있다.(『아기탄생의 과학(Newton HIGHLIGHT 85)』, 뉴턴코리아, 2014, 6-9쪽)

우셨으며, 이 세상에 태어난 후에는 핏덩어리 같은 나를 부모님이 진자리 마른자리 갈아 뉘시며 길러 주신 덕분에 지금까지 살아올 수 있었다. 즉, 나는 무형한 한울님과 유형한 부모님의 사랑과 은덕의 결정체인 것이다.

이를 알게 될 때 내 존재에 대해 무한한 자긍심과 자존감을 갖게 되는 것이다. 그리고 이처럼 진정한 부모인 한울님의 은덕으로 살아가고 있음을 깨닫게 된다면 반드시 은혜에 보답할 줄(報恩) 알아야 할 것이다. 부모님께서 헌신과 사랑으로 내 생명을 낳고 그토록 소중하게 대하고 기르는 것을 온몸으로 겪었다면, 나 역시 똑같이 다른 생명에게 베풀 줄 알아야 하는 것이다.

인류를 포함한 유형한 세상 만물은 모두 무형한 성령에서 나왔다. 또한 한 개인이 아버지와 어머니 사이에서 태어나 살듯이, 전체 인류 역시 위로는 하늘, 아래로는 땅을 사이에 두고 살아가고 있다. 한 개인에게 있어 마음이 성령과 육신 사이에서 중개자 역할을 하듯이, 인류는 만물 중 가장 지혜롭고 으뜸가는 존재로서 유형한 세상과 무형한 성령, 하늘과 땅 사이에서 같은 역할을 하는 것이다.

이때, 사람은 자신의 무형한 마음을 사용함으로써 중개자의 역할을 해낸다. 사람이 자기를 둘러싼 유형한 환경, 이를 만들고 운행하는 무형한 한울님에게 감사하는 참된 마음(眞心)을 계속 내고 그 정도를 더해간다면, 하늘과 땅과 사람, 성령과 세상과 사람이 마침내 서로 조화를 이루는 데까지 이를 수 있을 것이다.

영원한 행복에 이르는 길

1. 본래생명 회복하기

가. 본래생명과 대화하기-심고心告

이제 나는 안으로는 성령 즉, 한울님을 모시고, 밖으로는 한울님이 만들어 놓으신 하늘과 땅, 해와 달, 공기 그리고 만물의 환경 속에서 살아가고 있음을 알았다. 내 안의 성령은 이 우주자연을 만들고 운행하는 전체성령과 하나라는 것도 알았다. 나는 한울님을 모시고(侍天主) 한울님 품속에서(天地父母) 살아가고 있는 것이다.

심고心告의 의의와 방법

그러면, 어떻게 하면 한울님과 관계를 복원하고 본격적으로 소통해 나갈 수 있을까? 여기서, 먼저 한울님이 낳은 만물 중 사람이 차지하는 위치를 생각해 볼 필요가 있다. 사람을 포함한 만물이 성령, 즉 한울님이 낳은 존재 아님이 없고, 한울님은 당신이 만드신 각각의 물건 속에 들어가 살고 계시므로, 이 우주자연에서 한울님을 모시지 않은 존재는 없다.

그런데, 한울님이 낳은 만물 중 가장 뛰어난 존재가 바로 사람이다. 달리 말하면, 한울님이 가장 온전하고 정제된 상태로 머물러 계신 곳이 바로 내 안이라는 것이다.[30] 그렇다면, 내가 한울님과 소통하고 관계를 복원하여 하나가 되기 위해서는 다른 어떤 곳도 아닌 바로 내 안에서 한울님을 찾고 집중해야 함을 알 수 있다.

그런데 내 안의 한울님은 형상이 없으므로, 나 역시 형상이 없는 마음으로 대하고 모실 줄 알아야 한다. 즉, 마음으로 내 안에 모신 한울님을 믿고信 공경하고敬 정성 드려야誠 하는 것이다. 이때 마음으로 한울님을 믿고 공경하고 정성 드리는 시작이 바로 심고心告이다. 심고는 글자 그대로 '마음으로 고하기'이다. 즉, 마음으로 내 안의 한울님께 고하면서 대화를 시도하는 것이다.

그렇다면 이 심고는 어떤 자세로, 어떻게 해야 하는가?

---

30 무형한 성령 곧, 한울님이 온갖 동물·식물·광물 등 만물을 낳는 만큼, 만물에는 모두 한울님이 깃들어 있다. 만물은 다 한울님을 모시고 있는 것이다. 이가운데 인간은 만물의 영장으로, 정신적·영적으로 수준이 제일 높다. 그러므로 인간의 몸 안에 가장 온전한 상태로 한울님이 깃들어 있는 것이다. 이에대해 손병희는 〈성령출세설性靈出世說〉에서 "사람의 성령은 이 대우주의 영성을 순연히 타고난 것이다"라고 하였다.

한울님은 나에게 생명을 주시고, 내가 살아가는 모든 여건까지 마련해 주신 진정한 부모님이다. 따라서 한울님은 다른 특별한 방법이 아니라 내 육신부모님께 대하는 것과 같이 하면 된다. 즉, 나의 무형한 마음으로 내가 행하는 크고 작은 모든 일을 내 안의 무형한 한울님께 고함으로써 효孝를 실천하는 것이 바로 심고이다.

이처럼 중요한 심고를 평소 생활 속에서 실천해야 하는데, 그 방법은 의외로 간단하다. 이를 하루 일과를 중심으로 이야기해 보면, 아침에 일어나서는 "일어납니다." 고告하고, 잠자리에 들 때는 "잡니다." 고告하고, 회사에 출근하거나 학교에 갈 때는 "갑니다." 고하고, 회사에서 중요한 일을 처리하거나 학교에서 수업을 들을 때는 "무슨 일 처리하고 무슨 수업 듣습니다." 고하고, 저녁에 일을 마치고 집으로 출발할 때는 "집으로 갑니다." 고하고, 집에 도착했을 때는 "집에 도착했습니다." 고하고, 하루 일과를 다 끝내고 잠자리에 들 때는 "잡니다." 고하는 등 일상 속에서 하는 일마다 내 안의 부모님인 한울님께 공경스런 마음으로 고告하는 것이다.[31]

그리고 이렇게 하나하나를 고할 때마다 항상 "감응感應하옵소서.

---

31 유교儒敎에 자식이 부모에게 행해야 할 효도의 기본 덕목으로 '혼정신성昏定晨省', '출필고 반필면出必告 反必面'이 있는데, 각각 '밤에는 부모의 잠자리를 보아 드리고 이른 아침에는 부모의 밤새 안부를 묻는다', '밖에 나갈 때는 부모님께 반드시 아뢰고, 집에 돌아오면 반드시 부모님의 얼굴을 뵌다'는 뜻이다. 이처럼 육신 부모에게 하듯이 무형한 한울님께 모든 일을 일일이 고하면서 효도를 다하는 것이 바로 심고心告이다.

감사합니다."를 꼭 붙이도록 한다. 이는 내가 일상생활 속에서 생각하고 말하고 행동하는 모든 것이 안으로는 성령, 한울님이 지혜와 생명력의 원천이 되어 주시고, 밖으로는 역시 한울님께서 마련해 주신 공기 등이 기본 환경이 되어 주므로 가능하기 때문이다. 즉, 나의 모든 행위가 한울님 때문에 가능하고, 성공과 실패가 한울님의 감응 여하에 달려 있기 때문이다.[32]

음식을 먹을 때 고하는 식고食告

이러한 심고 중에서도 가장 중요한 것이 음식을 먹을 때 하는 식고食告이다.

우리가 아침·점심·저녁 매끼 식사를 하고 각종 음식을 먹으며 생명을 유지할 수 있는 것은 앞에서도 말했듯이 모두 성령, 즉 한울님의 은덕이다. 우리가 음식을 마련할 수 있는 것은 한울님이 하늘과 땅, 해와 달, 공기, 비와 이슬 등의 여건을 두루 제공해 주시고, 각종 동식물을 낳아 그 안에서 생명작용을 계속하면서 자랄 수 있게 해 주시기 때문이다.[33] 사람은 육신을 가지고 있는 만큼 음식을

---

32 "한울天이 있음으로 물건을 보고, 한울이 있음으로 음식을 먹고, 한울이 있음으로 길을 간다는 이치를 투철하게 알라." 손병희, 〈이신환성설以身換性說〉

33 생명체를 포함한 만물에는 한울님이 깃들어 있다. 그런 면에서 우리가 음식을 먹는 것은 한울天이 한울을 먹는 행위(이천식천以天食天)이다.

먹지 않고서는 살아갈 수가 없다. 그리고 육신이 없다면 내 안의 성령과 마음도 머무를 장소가 없어지게 된다. 따라서 우리는 음식을 대할 때 진실한 마음으로 한울님께 감사를 표할 줄 알아야겠다.

이렇게 한울님께 식고食告를 할 때 유념해야 할 것이 있다. 한울님은 내가 음식을 마련할 수 있게 해 주시는 데 그치지 않고, 나를 낳고 길러 주심으로써 존재 자체를 있게 해 주신 크나큰 은덕을 베풀어 주셨다. 더욱이 한울님은 계속 내 안에 계시면서 생명과 지혜와 능력의 원천이 되어 주고 계신다. 그러므로 소중한 음식을 대했을 때는 내가 먹기 전에 먼저 한울님께 드리는 것이 사람의 자식된 도리이다.

그래서 다른 심고도 그렇지만 특히 한울님께 식고를 할 때는 첫머리부터 "감응感應하옵소서.[34]"를 반드시 붙여 "감응하옵소서. 감사합니다."라고 한다. 즉, 내가 음식을 먹기에 앞서 한울님께 마음으로 먼저 음식을 바치는 것이다. 그런 면에서 식고는 나에게 생명을 주고 생활 여건을 제공하며 살아가게 해 주시는 진정한 부모인 한울님에게 은덕을 갚는 도리(보은지도報恩之道)이자, 도로 먹이는 효도(반포지효反哺之孝)[35]를 실천하는 것이다.

---

34 감응感應은 '느끼어 응한다.'는 뜻이다. 즉, '(한울님께서) 심고하는 내 마음에 느끼어 반응해주십시오.'라는 의미이다.

35 까마귀 새끼가 자라서 늙은 어미에게 먹이를 물어다 주는 효孝라는 뜻으로, 자식이 자란 후 어버이의 은혜를 갚는 효성.

이상과 같이 식고를 포함한 심고心告는 내 생명을 낳아 주신 한울님에 대해 사람으로서 해야 할 가장 기본적인 도리이자 의무이다.

중요한 것은 이러한 심고가 내 생명의 근원이자 나의 근본인 한울님과 진실하게 소통하게 함으로써 내 마음을 본래의 참된 상태로 돌아가게 해 주는 효과가 있다는 것이다.[36] 즉, 심고는 나의 본래를 회복하게 하는 중요한 수행 도덕의 하나이다. 내가 한울님께 계속 심고를 하면 할수록 맑고 깨끗하고 무한 지혜와 능력을 가진 한울님과 더욱 가까워지고 친하게 된다. 이 덕분에 나는 더 많은 마음의 힘을 얻고, 든든한 중심을 갖게 되며, 나아가 정신적·육체적인 질병까지 물리칠 수 있게 된다. 심고는 중요한 수련修鍊인 것이다.

뿐만 아니라, 심고를 통해 내 안의 한울님과 진실하고 깊은 교감을 나누게 되면, 내가 이 세상에서 해야 할 역할과 사명을 알게 되고 이를 실현할 수 있는 지혜와 능력도 얻게 된다. 심고心告는 자식된 입장에서 진정한 부모인 한울님께 도리를 행하는 것이며[37], 한울님은 그런 자식에게 다시 사랑으로 지혜와 용기와 능력을 베풀어 주심을 알 수 있다.

심고는 바로 내 안에서 생명의 길을 찾고 열어갈 수 있게 해준다.

---

36 심고의 의의와 방법은 오명직(1935-2004)의 정리 내용을 중점 참고하였다. 〈심고心告〉(동귀일체, 『천도교 신앙입문』, 글나무, 2021, 44-47쪽)

37 심고는 진실한 효孝의 실천으로, 본래의 나인 한울님께 마음으로 절을 하는 것(自心自拜)이라 할 수 있다.

그래서 심고는 나의 인생과 운명을 개척하는 원동력을 스스로 만들어 내는 정성誠이라 할 수 있다.

나. 본래생명 기르기-주문呪文

나를 낳고 길러 주신 한울님과 통하는 방법으로 심고心告에 대해 알아보았다. 하지만, 나 자신뿐만 아니라 세상 만물을 낳아 길러 주시는 한울님과 통하고 그 은덕을 갚기 위해서는 심고만으로는 부족한 것이 사실이다.

한울님은 세상 만물을 기르고 우주자연 전체를 운행하시느라 잠시도 쉬지 않고 오직 순일純一[38]하게 작용하고 계신다. 내 생명을 낳고 길러 주신 부모님인 한울님께서 이처럼 온 정성[39]을 다해 큰 은덕을 베풀고 계시는데, 자식 된 사람으로서 심고만으로 도리와 정성을 다하기는 어려운 것이다.

주문呪文의 의의

그러면, 무엇을 어떻게 해야 하는가? 이러한 한울님의 무한한 은

---

38 다른 것이 섞이지 않고 순수하게 한가지로만 되어 있는 상태.

39 최시형은 '순일純一하고 쉬지 않는 것이 정성誠'이라고 하였다.(《성경신誠敬信》)

덕을 알았다면 자식으로서 부모님인 한울님의 존재와 은덕을 잠시도 잊지 않고 끊임없이 감사하고 보답하는 것이 필요하다. 이를 위한 구체적인 방법이 바로 주문呪文 외우기이다.

주문이란 무엇인가? 글자 그대로 빌 주呪, 글월 문文, 즉 '비는 글'로서 지극히 한울님神을 위하는 글이다.[40] 즉, 주문을 계속 외움으로써 한울님의 존재와 은덕을 잠시도 잊지 않고 감사할 수 있게 된다. 사실 주문은 오랜 옛날부터 인류 사회에 존재해 왔다.[41] 주문을 외우면 우선 나 자신이 주문의 내용을 마음으로 받아들이게 되어 긍정적인 변화를 시작하게 된다.[42] 무엇보다 내 안의 한울님天主을 기쁘게 하고 감동시킬 수 있다.

세상 만물을 낳아 길러 주시고, 우주자연 전체를 운행하시는 무형한 한울님에게 직접 비는 주문은 어떤 것이어야 할까? 적어도 그런 주문이라면 우선, 한울님을 진정으로 위하는 것임과 동시에 한울님이 정말 좋아하는 글이라야 할 것이다. 또한 육신에 치우쳐 세상의 나쁜 습관과 물이 들어 버린 내 마음(肉身觀念)을 본래 상태로

---

40 최제우는 『동경대전』〈논학문論學文〉에서 주문呪文을 '지극히 한울님을 위하는 글(至爲天主之字)'이라고 하였다.

41 우리가 잘 아는 불교의 '나무아미타불 관세음보살南無阿彌陀佛 觀世音菩薩' 등이 바로 주문이다.

42 어떤 내용을 계속 반복하다 보면 자기 암시와 학습 효과로 인해 마음으로 받아들이게 되고, 점차 그 내용에 대해 믿음을 갖게 된다.

되돌릴 수 있어야 할 것이다. 무엇보다 내 안의 생명의 원천인 한울님을 자꾸 살리고 기를 수 있는 글이어야 할 것이다.

주문 뜻풀이

동학·천도교에서는 이러한 주문으로 '지기금지 원위대강 시천주 조화정 영세불망 만사지至氣今至 願爲大降 侍天主 造化定 永世不忘 萬事知'의 21자를 사용하고 있다.[43]

주문을 본격 외우기에 앞서 먼저 이 주문의 뜻을 한번 살펴보자. 우선, '지기至氣'는 이치와 기운을 아우르는 것으로, 우주에 가득 차 있는 생명의 기운을 말한다.[44] 이 지기에서 모든 생명이 나오니, 지기는 곧 성령이요, 한울님이라 할 수 있다. '금지今至'는 이러한 지기가 나에게 접接함을 알게 된다는 것으로, 주문을 자꾸 외워 지기와 접함을 알게 됨으로써, 형상 없는 한울님이 나의 부모이며 내가 한울님의 품속에서 살아가고 있음을 알고 믿게 된다는 뜻이다. 즉, 나의 생명이 한울님 본체 생명과 하나임을 깨닫는 것을 말한다.

---

43 이 주문은 동학·천도교를 창도한 수운 최제우 선생(1824-1864)께서 무형한 한울님天主으로부터 받은 글이다.

44 최제우는 『동경대전』〈논학문〉에서 지기至氣를 '모양이 있는 것 같으나 형상하기 어렵고, 들리는 듯하나 보기는 어려운 하나의 기운'이라 하였다. 요즘 양자물리학에서 물질을 자꾸 쪼개어 들어가면 전자, 중성자, 양성자의 소립자에 도달하는데, 소립자는 어떤 때는 실체가 없는 에너지 흐름으로 존재한다. 수운 선생의 지기에 대한 설명이 양자역학의 세계와 너무도 비슷하다.

'원위願爲'는 원한다는 뜻이다. '대강大降'은 한울님이 나에게 크게 오신다는 말로, 내 안의 한울님이 본격적으로 깨어난다는 뜻이다. 즉, 내 안의 한울님이 본격 깨어나고, 그럼으로써 바깥에 한량없이 존재하는 지기와 크게 화化하게 해달라는 것이다.

'시천주侍天主'는 이제 내 안에 한울님이 존재하고 계심을 분명하게 느끼고 깨달았으니, 앞으로 평생 동안 부모님으로서[45] 정성, 공경, 믿음을 다해 모시겠다는 뜻이다. '조화造化'는 모든 것을 자연스럽게 이뤄나가는 한울님의 법도에 순응하겠다는 것이며, '정定'은 한울님의 덕에 합슴하고 한울님의 마음을 내 마음으로 정하겠다는 뜻이다.

'영세永世'는 사람의 한평생을 말하며, '불망不忘'은 한울님을 늘 생각하여 잊지 않겠다는 뜻이다. '만사萬事'는 수가 많음을, '지知'는 한울님이 나와 만물의 부모임을 깨닫고 계속 수련[46]해 나가겠으니, 한울님의 지혜와 능력으로 수많은 진리를 깨닫게 해달라는 것이다.

21자 주문의 뜻을 보다 간략하게 정리해 보면 "한울님天主과 하나임을 알고 믿으니, 원하옵건대 저에게 크게 와 주시옵소서. 한울님을 모시고 한울님의 덕에 합하고 한울님 마음을 저의 마음으로

---

45 '님 주主'는 '부모님'과 같이 높여 모시겠다는 뜻을 담고 있다.

46 수련修煉에서 련煉는 '불火+단련鍊'을 합친 글로, '쇠를 뜨거운 불 속에서 달구어 정련한다.'는 뜻이다. 나 자신이 한울님 본래 상태를 회복하며 인격을 완성해 나가는 과정이 그만큼 치열하고 힘들 수 있다는 뜻을 담고 있다.

정하여 영원히 잊지 않겠사오니, 천도를 깨닫고 한울님의 무한한 지혜와 능력을 받게 하여 주시옵소서."라고 할 수 있다.[47]

주문의 효과

주문은 지극히 한울님을 위하는 글로, 자꾸 외우다 보면 우선 내 안에 계신 한울님이 좋아하고 기뻐하신다. 이로 인해, 나의 마음과 기운이 점차 내 안의 한울님, 그리고 바깥의 지기와 자꾸 화化하면서 본래의 상태를 계속 회복하게 된다. 그러면서 한울님이 나의 진정한 부모임을 더욱 분명히 알고 믿게 되고, 내 존재의 가치를 확신하게 되면서 마음에 바르고 참된 힘이 생겨난다. 이 과정에서 한울님의 무한한 지혜와 능력을 자꾸 받게 되고, 무한 보고寶庫를 사용할 수 있는 지혜와 능력도 얻게 된다.

이때 가장 중요한 것이 무형한 한울님을 대하는 내 마음을 항상 부드럽고 공경스럽게 갖는 것이다. 화를 내고 불안해하거나, 원망하고 절망하며, 나쁜 마음을 먹음으로써 자기 마음을 상하지 않게 하도록 각별히 유의해야 한다.[48]

---

47 주문 뜻풀이는 오명직의 글을 중점 참고하였다. 〈주문呪文〉(동귀일체, 『천도교 신앙입문』, 글나무, 2021, 48-51쪽)

48 내 마음을 상하고 불안하게 하면, 내 안에 계신 한울님도 상하고 불안해한다. 이는 큰 불효不孝이다. 그러므로 최시형은 〈수심정기守心正氣〉에서 "내 마음을

이렇게 주문공부를 해나가면 삶이 점점 더 평안하고 기쁘고 가치 있게 변화하는 것은 너무도 당연하다. 주문은 내 안의 한울님을 잘 모시고, 한울님과 원활하게 통하며 한울님의 감응을 받게 함으로써 영원한 행복의 길을 열어 준다. 이처럼 소중하고 고마운 주문을 틈날 때마다 정성껏 외운다면 한울님과 조금이라도 더 빨리 가까워지고 하나가 되며(天人合一)[49], 마침내 한울님 본래의 상태를 온전히 회복하게 될 것이다.[50]

다. 본래생명 깨닫기-궁리窮理

이치 헤아리기窮理의 중요성

앞에서 내 안의 한울님과 소통하고 한울님 상태를 회복하기 위

공경치 않는 것은 천지를 공경치 않는 것이요, 내 마음이 편안치 않은 것은 천지가 편안치 않은 것이니라. 내 마음을 공경치 아니하고, 내 마음을 편안치 못하게 하는 것은 천지부모에게 오래도록 순종치 않는 것이니, 이는 불효하는 일과 다름이 없느니라"라고 하였다.

49 호남 지역 동학·천도교의 대두목 학산 정갑수(1884-1952)는 "바른 믿음의 요결要訣은 자기가 신령神靈한 것을 확실히 인식하여 의심이 없는데 있으니, 이렇게 나아가면 자연히 화化하여 신과 내가 일체가 된다"고 하였다

50 손병희는 〈인여물개벽설人與物開闢說〉에서 내 안에서 성령, 한울님을 찾고 통하기 위한 방법으로, "내 안에 어떤 내가 있어 구부리고, 펴고, 움직이고, 가만히 있는 것을 가르치고 시키는가"라는 생각을 일마다 하여 습관이 되게 할 것을 제시하였다.

한 방법으로 심고心告와 주문呪文에 대해 알아보았다. 심고와 주문을 가까이하고 생활화하는 것만으로도 내 삶을 보다 가치 있고 행복하게 만들 수 있다.

하지만, 이것만으로는 한울님 상태를 보다 빠르고 원활하게 회복하며, 안정적·지속적으로 진리에 부합하는 삶을 살아가기에는 아직도 부족하다. 나를 둘러싼 삶의 환경이 그리 순탄치만은 않으며, 수련 과정에서 예상치 못한 어려움이 발생할 수 있기 때문이다. 나와 가족이 먹고 입을 거리를 마련하며 사람으로서 기본적인 도리를 해나가기도 쉽지 않은 것이 삶의 현실이다. 이런 가운데 무형한 한울님을 변함없이 믿고 소통하며, 본래 상태를 꾸준하게 회복해 나간다는 것은 결코 쉬운 일이 아니다.

사실, 심고와 주문으로 내 안의 한울님과 통하게 되면 이전과 달리 삶을 보다 원활하게 열어 나갈 수 있는 힘과 용기를 얻게 된다. 또한, 언젠가는 본래의 성령 상태를 회복하고 한울님과 완전히 하나가 되어야겠다는 인생의 궁극적인 목표도 갖게 된다.

하지만, 이러한 수련 과정을 밟아감에 있어 과연 내 앞에 어떤 길이 어떻게 놓여 있으며, 어떤 장애와 어려움이 있는지, 그리고 이를 원만하게 극복하기 위해서는 어떻게 해야 하는지를 잘 알지 못한다. 이러한 상황에 부딪혔을 때 차분하고 올바르게 대응할 수 있는 정도는 되지 못한다는 것이다.

이를 자동차 운전에 비유하면, 비록 서툴지만 운전하는 법을 알고, 연료를 채울 줄도 알며, 도착해야 할 목적지도 알지만, 어디를 거쳐서 어디로 가야 하는지, 가는 길에 어떤 장애물과 위험이 있는지, 그리고 이를 헤쳐 나갈 방법이 무언지 등에 대한 지도와 안내서를 갖지 못한 것이다.

즉, 심고와 주문으로 한울님과 함께함으로써 큰 용기와 힘을 얻게 되었지만, 한울님 상태의 온전한 회복이라는 최종 목적지를 향함에 있어 중간의 여러 어려움을 극복하며 안정적으로 나아갈 수준은 못 된다는 것이다.

그러면, 어떻게 해야 하는가? 이러한 문제를 해결할 수 있는 것이 바로 궁리窮理, 즉 '이치 헤아리기'이다.

궁리를 통해 나와 한울님天主은 어떤 존재이며 어떤 속성을 갖는지, 나와 한울님은 어떤 관계이며, 어떻게 하면 보다 빠르고 원활하게 한울님과 하나 될 수 있는지, 그러한 과정에는 어떤 어려움들이 있는지, 그리고 나는 어떤 변화를 거치게 되며, 유의해야 할 점은 무엇인지 등을 스스로 헤아리고 깨달을 수 있을 때, 중심을 갖고 보다 자신 있고 원활하게 앞으로 나아갈 수 있는 것이다.

사실, 천지는 나의 부모이며, 나는 성령과 마음과 육신으로 구성되어 있다는 것도 모두 이치를 헤아린 데서 나온 깨달음의 결과이다.[51] 그리고, 이 이치를 깨달았기 때문에 한울님이 나의 진정한 부

---

51   동학·천도교를 창도한 최제우는 『동경대전』〈논학문論學文〉에서 시천주의

모임을 알고 사람으로서 해야 할 도리를 실천할 수 있는 것이다. 궁리를 통해 깨닫지 못한다면, 내가 취해야 할 자세와 실천 사항을 제대로 알 수 없고, 살아가면서도 한울님의 뜻과 이치에 맞게 바르고 참되게 나아갈 수 없는 것이다. 그만큼 '이치 헤아리기'는 수련을 통해 한울님 본래의 상태를 회복하려는 사람에게 중요하다.

이치 헤아리는 법

그렇다면, 궁리窮理는 어떻게 하는 것이며, 어떻게 하면 잘할 수 있는가?

궁리를 원활하고 충실하게 하기 위해서는 첫째, 궁리 즉, 이치를 헤아려 깨닫는 것이 수련과 인생에서 반드시 필요하다는 사실을 마음으로 받아들여야 한다. 그냥 주문만 외우려 하거나, 맹목적으로 한울님을 믿으려고만 해서는 좋은 성과를 얻기 어렵다.

둘째, 이치를 헤아리기 위해 스스로 노력해야 한다.[52] 이치 헤아

'주主' 자를 "존칭해서 부모와 같이 섬긴다는 뜻"이라고 하였고, 그로부터 도를 받은 최시형은 〈천지부모天地父母〉에서 "천지는 곧 부모요, 부모는 곧 천지니, 천지부모는 일체니라"고 하였다. 다시 그로부터 도를 받은 손병희는 『무체법경』〈신통고神通考〉에서 "성품性, 마음心, 몸身에 하나라도 없으면 도道가 아니요, 이치가 아니니라"고 하였다. 이 모든 것도 궁리에서 나온 것이다.

52 수련의 초기 단계에는 내 안에 한울님이 계심을 믿고 한울님을 지극히 위하는 주문을 열심히 외우면 되지만, 주문공부를 통해 내 안에 한울님이 계심을 감지感知하고 그 은덕을 깨닫고 본격적으로 소통하게 되면, '이치 헤아리기'를

리기를 번거롭거나 귀찮게 여기지 말고, 모르는 문제나 의문이 드는 사항, 해결해야 할 상황을 만나면 이를 과제와 화두話頭[53]로 삼아 꼭 해결하고 넘어가는 자세가 필요하다.

셋째, 궁리를 한다고 해서, 그냥 내 머리와 생각만으로 인위적으로 하려 해서는 안 된다. 나는 내 마음만으로 사는 것이 아니라, 항상 성령, 즉 한울님을 모시고 있다는 사실을 잊지 말아야 한다. 나 혼자의 마음과 생각만으로 연구할 경우 좋은 성과를 얻기 어려울 뿐더러, 자칫 나의 불완전한 지식과 경험에서 나온 헤아림을 옳은 것인 양 착각하는 실수를 범할 수 있다. 나만의 인위적인 생각은 부족함과 잘못이 있기 마련인데, 이를 절대적으로 옳다고 고집하게 되면 자신은 물론 자칫 다른 사람들까지 위험에 빠뜨릴 수 있다. 잘못된 생각과 주장이 어떤 폐해를 가져오는지 우리는 종교전쟁, 동서냉전 등 인류 역사를 통해 너무도 잘 알 수 있다.

끝으로, 진정한 앎과 깨달음은 궁극적으로 무한 지혜를 가진 성령, 한울님으로부터 나오는 것임을 알아야 한다. 이는 인간에게 있어 진정한 앎知은 어떻게 가능한 것인가 하는 근본적인 문제와 연결되어 있다. 진정한 앎은 어떻게 가능하며, 그것은 어디서 비롯되는 것인가? 인간인 나의 감각과 인지認知에는 한계가 있다. 내가 무

언가에 대한 해답을 찾고 깨달음을 얻기 위해 의식적으로 집중하고 노력하는 것도 필요하겠지만, 이것만으로는 진정한 앎知과 깨달음覺에 도달할 수는 없다.[54]

나는 성령, 마음, 육신의 3가지로 구성되어 있다고 하였다. 진정한 앎과 깨달음은 나의 감각과 인지를 넘어선 무량광대하고 청정한 영역, 즉 성령과 한울님에게서 오는 것이다.[55] 이러한 사실을 받아들이는 데서 올바른 이치 헤아리기와 진정한 앎이 시작될 수 있다. 그렇기 때문에 궁리는 수련을 통해 내 안의 한울님과 소통할 수 있을 때 본격적으로 시작될 수 있는 것이다. 그래서 과거 동양에서는 태어날 때의 본래 성품을 잃지 않고 항상 맑고 밝고 지혜로운 상태를 유지함으로써, 하늘天과 늘 통하고 진리를 깨달아 세상에 펴는 사람을 성인聖人[56]이라 하여 존경을 표해 왔던 것이다.

54　고대 그리스 철학에서도 인간의 혼이 어둠과 섞인 상태에서 갖게 되는 것을 'doxa', 즉 의견opinion이라고 하여 오류 가능성이 있다고 보았으며, 있는 것을 있는 그대로 아는 능력으로, 오류가 있을 수 없는 것을 'episteme', 즉 진리 또는 지식truth이라고 하여 구분하였다.

55　"너의 감각이 미치는 것은 형상이 있고 빛깔이 있는 것뿐이요, 너의 감각이 미치지 못하는 것은 이것이 한량없이 넓고 큰 것이니라. 너도 또한 한량없이 넓고 크고 맑고 깨끗한 지경으로부터 온 것이라. 그러므로 본래는 업인業因과 장애가 없었거늘 오랫동안 고해에 빠져 뜬구름이 햇빛을 가린 것 같으니라." 손병희, 『무체법경無體法經』〈후경後經〉

56　그래서 옛날부터 동양에서는 진정한 앎과 깨달음이 이뤄지고 전파되는 것은 최초의 성인, 즉 '나면서부터 아는(生而知之)' 첫 성인이 하늘天과 소통하며 진리를 받고 깨달아 이 세상에 펴고, 다시 이를 '배워서 깨닫는(學而知之)' 다음의

이상을 염두에 두면서 실제 궁리하는 방법에 대해 알아보자. 사람은 누구나 해결해야 할 문제나 풀어야 할 의문이 있다. 이 경우 해당 문제와 의문을 염두에 두면서, 먼저 한울님께 지극한 마음으로 '깨달음을 베풀어 주십시오.'라고 심고를 드린다. 이것이 바로 내 안에 한울님 모심을 아는 사람이 이치 헤아리기를 시작하는 방법이다. 그런 다음 일정 시간 한울님을 지극히 공경하는 마음으로 정성을 다해 주문을 외운다.

주문을 외울 때는 자꾸 머리로 문제를 생각하려 들지 말고 내 안의 한울님을 생각하는 마음으로 주문 외우기에 집중한다. 나의 문제와 의문은 이미 내 의식에 입력이 되었고, 내 안의 성령, 한울님께도 접수가 된 상태이기 때문이다. 그렇게 일정 시간 주문 외우기를 한 다음에는 더욱 맑고 밝아지고 집중된 마음으로 그 문제를 헤아려 본다. 그런 다음 다시 한울님께 깨달음을 베풀어 달라고 극진히 심고를 드리고 정성과 공경을 다해 주문을 외운다. 그리고는 다시 더욱더 맑고 밝아진 마음으로 문제를 헤아려 보는 과정을 인내심을 갖고 정성을 다해 반복해 본다.

모든 일이 그렇듯이 '이치 헤아리기窮理'도 나의 노력과 한울님의 감응이 합쳐질 때 성과를 얻을 수 있다. 이러한 성과는 수련을 통해

성인이 이어 가는 과정을 통해서 가능하다고 보았다. 그리고 심지어 일반 세상 사람이 '고생해서 얻는(困而得之)' 아주 작은 앎조차 이러한 첫 성인과 뒤를 이은 성인들의 덕분이라 여겼다.

내 안의 한울님과 본격적으로 소통하고 지혜를 받을 수 있을 때 가능하다. 한울님과의 소통이 제대로 이뤄지기도 전에 머리로만 이치를 헤아리려 할 경우 진정한 앎知이 아닌 결함과 오류가 있는 의견 opinion을 얻을 수 있기 때문이다.

한울님과 본격적인 소통이 이뤄지면 마음으로 한울님의 천연한 지혜를 계속 받을 수 있고, 이로 인해 앎과 깨달음을 보다 원활하고 명확하게 얻을 수 있게 된다. 따라서 조급해 하지 말고, 평소 심고와 주문 외우기로 한울님을 늘 가까이 하다가, 문제와 의문이 생길 경우 이상의 이치 헤아리기 과정을 밟는다면 해답을 얻게 될 것이다. 이때 해답이 수월하게 풀어지기도 하지만, 문제나 의문이 어려운 정도에 따라 보다 지극한 정성과 높은 집중, 더 많은 시간과 노력이 요구될 수도 있다.

그래서 풀어야 할 문제가 중요할 경우에는 7일, 21일 등으로 특별기도 기간을 정해놓고 이치 헤아리기에 집중하는 것도 좋다. 또한 평소 틈틈이 관심 주제나 분야에 대해 독서, 학습, 전문가와 대화 등을 통해 배경 지식을 꾸준히 쌓으면 보다 면밀하고 체계적인 궁리에 도움이 될 것이다. 물론 이러한 독서와 대화 등도 평소 수련을 통해 한울님과 긴밀하게 소통함으로써 지혜를 받게 되면, 보다 조리 있고 분명하게 해나갈 수 있다.

그런데 이렇게 마음공부에 기반한 궁리를 할 때 그 깨달음의 형태가 다양하다는 것을 알아둘 필요가 있다.

즉, 해답과 방안을 꿈으로 꾸기도 하고, 마음으로 어떤 이미지를 보기도 하며, 갑자기 말로 듣기도 한다.[57] 그리고 수련과 마음공부가 깊어지면, 해답이 마음으로 곧바로 헤아려지는 것을 경험하며, 심지어 내가 어떤 문제에 대한 해답을 찾겠다고 생각만 해도 저절로 헤아려지는 것도 경험하게 될 것이다. 전에는 좀처럼 이해가 가지 않던 어려운 문제나 내용도 곧바로 파악해 버리게 되는데, 이를 통해 내 안에서 헤아림이 저절로 나오는 것을 경험하게 된다.

이러한 현상을 내 안의 한울님을 주체로 보면 한울님이 베풀어 주시는 깨달음을 내가 받는 것이고, 나를 주체로 보면 내 마음이 한울님 본래의 맑고 깨끗한 상태를 회복하면서 사물의 본질을 곧바로 꿰뚫고 헤아리게 되는 것이다. 마치 물이 스며들듯 맑고 밝아진 나의 마음이 대상으로 뚫고 들어가 이치를 헤아리게 되는 것이다.[58]

이를 보다 구체적으로 설명하자면, 한울님은 내 안에, 내 마음 속에 함께 계시므로[59], 내가 마음과 생각으로 궁리하기 위해 노력하

---

57 손병희는 『각세진경覺世眞經』에서 "한울님과 사람이 말을 서로 들으며, 뜻과 생각이 서로 같아서 모든 일을 능히 통하는 것이니라", 〈권도문〉에서 "한울님 모심을 알면 한울님 말씀함을 알 것이다"라고 하였다.

58 이를 투득透得이라 한다. 수도를 통해 내 마음이 본래의 성령, 한울님 상태를 회복하게 되면, 맑고 밝아지고 지혜로워져 어떤 문제나 대상의 본질을 마치 물이 스며들듯 꿰뚫게 된다.

59 최시형은 〈천지인天地人·귀신鬼神·음양陰陽〉에서 "마음은 어느 곳에 있는가? 한울天에 있고 한울은 어느 곳에 있는가? 마음에 있느니라"고 하였다. 내 마음과 한울님은 융합된 상태로 있는 것이다.

면, 그에 감응感應하여 한울님께서 깨달음을 베풀어 주시는데, 그것이 다름 아닌 나의 무형한 마음을 통해 직관直觀과 생각의 형태로 나오는 것이다.

이치를 헤아리는 마음 자세

이처럼 내가 본래 한울님 상태를 회복하고, 내 마음이 자꾸 맑고 밝아져 한울님과 원활히 통하게 되면, 여러 가지 많은 깨달음을 얻을 수 있다. 이는 수련을 해나가는 과정에서 내 마음과 모신 한울님 사이에서 일어나는 교감·소통 현상으로, 결코 이상하거나 두려워할 일이 아니다. 그리고 이러한 깨달음은 나의 마음공부와 수련의 정도, 한울님과 가까워진 정도, 한울님 상태의 회복 정도에 따라 빠르기와 깊이가 다를 것이다.

여기서 우리는 진정한 앎과 깨달음은 나의 노력에 한울님의 감응이 더해질 때 가능한 것임을 알 수 있다. 결국, 진정한 앎과 깨달음을 얻기 위해서는 이치를 헤아리려 분발하고 관련 지식을 쌓으며 노력하는 동시에[60], 내 안의 한울님을 정성을 다해 공경함으로써 더욱 가까워지고 원활히 통通하는 것이 관건이 된다. 이러고 보면 이치를

---

60 이러한 나의 노력도 수련을 통해 내 마음이 점차 맑고 밝아질 때 보다 정확하고 효과적으로 진행될 수 있을 것이다.

헤아리고 진리를 깨닫는 것 역시 내 안의 한울님께 효孝를 다하고 나의 근본을 충실히 할 때 잘 이뤄질 수 있음을 알 수 있다.

그런데, 이렇게 내 안의 성령, 한울님과 통하게 되어 자꾸 앎과 깨달음을 얻게 될수록 마음을 낮추고 삼갈 줄 알아야 한다. 왜냐하면, 나에게는 아직도 육신에 얽매인 마음과 생각(육신관념肉身觀念)이 남아 있기 때문이다. 그리고 무엇보다 한울님이 무궁하듯이 진리 또한 무궁하다. 내가 아직 깨닫지 못한 진리는 너무도 많으며, 이미 해법을 찾았다고 여기는 문제조차도 온전히 헤아리지 못한 부분이 있을 수 있기 때문이다.[61]

특히, 명심해야 할 것은 깨달음을 얻는 과정에서 자칫 우쭐해지거나 마음이 높아질 수(자존심自尊心) 있다는 것이다. 그래서 궁리를 통해 깨달음을 얻게 될 때면, 제일 먼저 한울님께 다음과 같이 지극한 심고를 드릴 줄 알아야 한다. "한울님! 저같이 부족한 사람에게 이러한 깨달음을 베풀어 주셔서 감사합니다. 이 깨달음을 계기로 앞으로 더욱 바르고 참된 사람으로 거듭나겠습니다. 제가 진정으로 바라는 것은 한평생 오직 바르고 참되게 살아가는 것입니다." 이처럼 한울님이 깨달음을 베풀어 주신 데 대해 진심으로 감사하면서 마음을 더욱더 낮춰야 한다.

───────────────

61 그런 점에서 궁리窮理는 알지 못하고 이해하지 못하는 불연不然(그렇지 않음)의 세계를 자꾸 깨달아 나감으로써, 알고 이해하게 되는 기연其然(그러함)의 세계를 계속 넓혀 나가는 노력과 과정이라고 할 수 있다.

사실 낮은 마음을 유지하는 것은 이치를 헤아릴 때뿐만 아니라, 수련하고 마음공부하는 과정 전반에 걸쳐 가장 중요하다. 약간의 깨달음을 얻었다고 해서 마음이 높아지면, 당장 내가 모신 한울님이 싫어하고 그로 인해 한울님과의 거리가 다시 멀어지게 된다. 이렇게 되면 계속해서 진리를 깨달을 수도, 마음공부를 진전시켜 나가갈 수도 없게 된다.

이치 헤아리기와 실천

이렇게 앎과 깨달음을 얻은 다음에는 이를 실천에 옮기는 것이 중요하다. 성령과의 소통, 한울님의 감응으로 얻은 깨달음에 대해 믿음을 갖고 현실에서 실천해 나가는 자세가 필요한 것이다.

이때 유의해야 할 점은 내 안의 한울님 감응으로 깨달음을 얻었다는 마음에 자칫 나만 옳다고 고집을 피우거나 현실에 맞게 적용하려는 노력을 게을리해서는 안 된다는 것이다. 물론 내가 이치 헤아리기를 제대로 해내고, 한울님으로부터 깨달음을 얻은 데 대해서는 감사하고 자긍심과 자신감을 가져야 한다. 하지만, 항상 겸손한 마음으로 나의 깨달음을 더욱 보완하고 발전시키며, 앞으로 더 많은 깨달음을 향해 나아가겠다는 자세를 잃지 말아야 한다. 그러므로 남의 의견이나 새로운 깨달음에 항상 마음의 문을 열어 놓을 줄 알아야 한다.

이러한 자세는 깨달음을 실행할 때도 마찬가지이다. 깨달음을 얻었을 때에는 다른 사람의 의견에 개방적인 태도를 갖고, 깨달음을 실행하기 위한 보다 좋은 여건과 방법을 고민하는 자세가 필요한 것이다. 그리고 나의 깨달음에 대해 끝내 다른 사람들의 동의를 얻지 못한다면, 겸손한 마음으로 앞서 얻은 깨달음을 더욱더 보완하고, 실행 시기를 기다리거나, 여건을 조성하기 위해 노력하는 등 순리에 따르는 것이 바람직하다.

이때 가장 중요한 것이 실망하거나 마음이 상하거나 화를 내어서는 절대 안 된다는 것이다. 오히려 덤덤히 받아들이면서 각오를 한 층 더 다져 앎과 깨달음의 원천인 내 안의 한울님을 더욱더 공경하는 마음을 함양하는 데 힘써야 한다. 내가 이치를 헤아리고 실행하는 데 있어 부족하거나 한울님의 뜻과 법도에 어긋나는 점은 없었는지, 보다 낮은 마음으로 살피고 조심하며 보완·발전시키려는 자세가 중요하다. 마음을 잘못 써 한울님과 멀어진다면, 이치를 헤아리고 실행하는 것이 더욱 어려워지기만 할 것이기 때문이다.[62]

또 하나, 궁리를 함에 있어 중요한 것은 약간의 깨달음에 결코 안주해서는 안 된다는 것이다. 성령과 한울님이 무궁한 존재인 것처

---

62 실망하고 마음 상하고 화를 내면 앎과 깨달음의 원천인 내 안의 한울님과 멀어지고 연결 통로도 닫히게 된다. 그럴수록 더욱 정성스럽고 공경스런 마음으로 지혜와 문제 해결의 근원인 한울님과 더욱 가깝고 친밀해지려 노력하는 것이 현명한 수련인의 자세이다.

럼 깨달아야 할 진리도 무궁하기 때문이다. 그러므로 이치 헤아리기로 앎을 얻게 되면 더욱 바르고 참되고 겸양한 마음으로 진리를 계속해서 깨닫고 실천해 나가야겠다는 각오부터 다질 줄 알아야 하겠다.

이상에서 이야기한 대로 심고와 주문에 더해 스스로 '이치 헤아리기'까지 해나갈 수 있을 때, 더욱 빠르고 원활하게 본래의 성령, 한울님 상태를 회복해 가게 될 것이다. 당연히 나와 한울님의 관계는 더욱 안정되어 더 많은 힘과 용기와 지혜를 얻게 될 것이다.

이렇게 힘과 용기와 지혜를 얻게 되면, 스스로 심고와 주문과 궁리에 더 많은 정성과 공경과 믿음을 기울이게 될 것이며, 이는 다시 더 많은 힘과 용기와 지혜로 되돌아오는 선순환이 일어날 것이다. 이런 과정을 오랜 기간 변치 않고 계속해 나간다면 마침내 나와 한울님이 둘이 아니고 하나이며, 내가 곧 한울님(人乃天)인 경지에까지 도달하게 될 것이다.[63] 이는 수도하는 사람이 늘 염원하는 신인합일天人合一, 전인全人의 높은 경지로, 이보다 영광스럽고 감사하고 황송한 일은 없을 것이다.

이상에서 보듯 한울님 모심을 아는 사람, 수도하는 사람의 궁리

---

63 이렇게 되면, 내가 생각하고 말하고 행동하는 것이 나의 인위적 의식이 아니라, 내 안의 한울님에게서 자꾸 나오게 될 것이다. 나의 생각과 말과 행동이 한울님의 뜻과 본성에 온전히 부합하게 되어, 생각마다, 말마다, 행동마다 들어맞고 성과를 얻게 될 것이다.

窮理는 우리가 일반적으로 생각하는 연구와는 많이 다르다. 내 삶에서 문제의 해법을 찾고 이치와 진리를 깨달아 나가려면 나의 생각만으로 애쓰지 말고, 심고와 주문으로 한울님과 원활히 소통하는 데 집중할 줄 알아야 한다. 내 안에 문제 해결과 깨달음의 원천이 있음을 알고 제대로 접근해야 한다는 것이다.

내 안에 모신 한울님의 은혜를 늘 생각하고 감사하며, 무한한 이치를 계속 헤아리고 깨달아 나간다면, 이를 통해 나 자신을 무한한 성령, 한울님으로 성장 발전시켜 나가는 것을 인생의 궁극적인 목표로 삼는다면, 여기에서보다 더 가치 있고 행복한 삶을 찾을 수는 없을 것이다.[64]

---

64 "무궁한 그 이치를 무궁히 살펴 내어 무궁히 알았으면 무궁한 이 울 속에 무궁한 내 아닌가." 최제우, 『용담유사』〈흥비가〉

2. 본래생명으로 살아가기

가. 본래생명과 함께하기

우리는 심고와 주문, 궁리를 정성껏 해 나가면 한울님과 통하고, 수많은 깨달음을 얻으며, 마침내 한울님과 온전히 하나가 되는 경지에까지 이를 수 있음을 알았다.

여기서 가만히 생각해 봐야 할 것이 있다. 다름 아니라, 심고와 주문, 궁리로 가치 있고 행복한 삶을 만드는 것은 다름 아닌 모두 내가 '마음心'으로 한울님과 얼마나 원활하게 통할 수 있느냐에 달려 있다는 것이다. 즉, 심고와 주문, 궁리도 모두 내가 마음으로 하는 것으로, 이를 어떤 '마음'으로 하느냐가 중요하다는 것이다. 모든 것이 나의 마음가짐과 상태, 그로 인한 한울님과의 관계에 좌우되는 것이다.

경외지심敬畏之心

이처럼 마음공부를 하면서 내 안에 계신 한울님의 존재를 알고 은덕에 감사하게 되면서 가져야 하고 가지게 되는 마음이 바로 경외지심敬畏之心이다. 경외지심은 '한울님을 공경하고 두려워하는 마음'이다.

사실 이 경외지심은 한울님과 본격적인 소통을 하게 될 때 한울님의 감화로 생겨나는 천연天然한 마음으로,[65] 이 마음을 자꾸 더해 가면서 계속 심고하고 주문을 외우면 한울님과의 관계가 더욱 더 긴밀해지고 돈독해진다. 그러므로 평소 내가 경외지심으로 한울님을 잘 모시고 대하고 있는지를 항상 살피고 조심하며, 스스로 마음가짐을 계속 보완·심화시켜 나가는 것이 중요하다.

보다 구체적으로는, 내가 마음으로 화를 내고 있지는 않는지, 실망하거나 원망하고 절망하면서 마음을 함부로 쓰고 있지 않는지, 옳고 필요한 것을 받아들이지 못하고 자존심 때문에 스스로 거스르고 있는 것은 아닌지, 뿐만 아니라 양심에 부끄러운 짓을 하거나, 한울님의 뜻과 법도에 어긋나게 마음을 쓰고 있지는 않은지, 그로 인해 내 안의 한울님을 불안하고 힘들게 함으로써 '불효不孝'를 하고 있지는 않은지 항상 면밀하게 살피며 삼가 나아가야 한다는 것이다.

이를 통해 내 안에 경외지심을 계속 기르고, 다시 이 마음으로 한울님을 더 극진히 모시면 수련의 진전도 더욱 빨라지고, 삶의 가치와 행복도 자꾸 더해질 것이다.

---

65 경외지심은 의식적으로 "이런 마음을 내겠다" 해서 생기는 것이 아니며, 주문 공부를 하면서 지극히 참회반성 할 때 내 안의 한울님과 본격적인 만남이 시작되면서 생겨난다. 경외지심은 한울님에게서 나오는 자연스런 마음이다.

수심정기守心正氣

이처럼 수련할 때 항상 경외지심을 간직하고 기르는 데 집중하면 그만큼 성과도 커진다. 그런데, 수련을 더욱 깊고 지극하게 하기 위해서는 한울님을 대하고 모시는 내 마음과 기운을 보다 더 정미精微롭고 순도 높게 할 필요가 있다. 이렇게 하는 방법과 상태가 바로 수심정기守心正氣이다.

수심정기는 '본래의 한울님 마음을 회복하여 내 마음으로 삼고 지키며, 한울님 기운을 내 기운으로 삼아 항상 바르게 한다.'는 뜻이다. 즉, 본래의 한울님 마음을 계속 회복하여 내 마음이 온전히 한울님 마음天心이 되고, 이 과정에서 지기至氣와 계속 화化하여 한울님 기운까지 온전히 회복한 후 변치 않는 내 마음과 기운으로 삼는 것을 말한다.[66]

수심정기守心正氣는 수련의 가장 높고 어려운 경지로, 내 마음과 기운이 육신관념에 물들거나 탁한 것이 일절 없이, 한울님과 온전히 하나가 되어 맑고 깨끗하고 고요하며 항상 깨어 있는 상태로 있는 것이다.[67] 수심정기 하는 방법은 내 마음을 오직 '효성스럽고孝,

---

66 수심정기守心正氣에 이르기 위해서는 부단한 수련과 마음공부를 통해 꾸준히 한울님 마음을 회복하고 한울님 기운至氣과 화하는 과정이 필요하다. 이처럼 수심정기'守'心正氣에 도달하기 위한 과정의 상태를 수심정기'修'心正氣라 한다.

67 이상의 수심정기에 대한 내용은 최시형의 글을 주로 참고하였다. 최시형은 "수심정기가 되면 잠잘 때라도 다른 사람이 나고 드는 것을 알고, 말하고 옷

공경스러우며悌, 온화하고溫, 공손하게恭' 하면서, 이 마음을 마치 어린 아기 보호하듯이 하고, 늘 조용하고 잠잠하여 성내는 마음이 일어나지 않게 하며, 항상 깨어 있어 어둡고 어리석음이 없는 상태가 되도록 하는 것이다.

이를 통해 온전히 수심정기 상태에 이르면 내 마음이 항상 기쁘고 즐겁게 되며, 그럼으로써 내 안의 한울님도 매우 좋아하고 즐거워하여 감응하게 된다. 즉, 수심정기는 한울님을 내 마음에 가까이 하는 효성스럽고孝心 참된 마음真心이다.[68]

나. 마음공부心學

2가지 공부 방법

이상에서 보듯이, 경외지심과 수심정기로 한울님을 가까이하며 가치 있고 행복한 삶을 열어가기 위해서는, 항상 내 마음을 한울님께 맞추는 마음공부心學에 집중해야 한다. 이처럼 중요한 마음공부

는 것을 들을 수 있게 된다"고 하였다. 최시형, 〈수심정기守心正氣〉

68 이처럼 한울님 마음과 기운을 온전히 회복·유지하기 위한 방법으로 '효제온공孝悌溫恭'의 수심정기 외에 내 마음을 항상 악함이 없고(無惡), 탐함이 없으며(無貪), 음란함이 없도록(無淫) 하는 3가지를 마음의 계명으로 삼아 스스로를 계속 살피고 바로잡는 것도 있다. 이는 동학·천도교를 창도한 수운 최제우 선생이 도를 깨닫고 세상에 본격 펴기 시작한 후 사용한 방법이다.

를 보다 원활하고 체계적으로 하기 위해 내 마음을 살피고 단련하는 법을 2가지 측면에서 살펴 본다.

첫째는 내 마음을 쓰는 데 있어 부족하고 부정적인 면을 방지하는 데 집중하는 것이다. 즉, 마음을 한울님의 뜻과 본성에 맞지 않게 쓰고 있지는 않은지 항상 살피고 바로잡는 것이다. 구체적으로, 내가 한울님을 속이고 있지는 않은지(欺天), 한울님을 거만하게 대하지는 않는지(慢天), 한울님을 상하게 하지는 않는지(傷天), 한울님을 어지럽게 하지는 않는지(亂天), 한울님을 일찍 죽게 하지는 않는지(夭天), 한울님을 더럽히지는 않는지(汚天), 한울님을 주리게 하지는 않는지(餒天), 한울님을 허물어지게 하지는 않는지(壞天), 한울님을 싫어하게 하지는 않는지(厭天), 한울님을 굴욕스럽게 하지는 않는지(屈天)를 스스로 면밀히 살피면서 나의 생각과 말과 행동을 계속 바로잡아 가는 것이다.[69]

둘째는 긍정적이고 발전적인 상태로 고양시키는 데 초점을 맞추는 것으로, 내 마음을 더욱 바르고 참되며 맑고 밝은 경지로 나아가도록 노력하는 것이다. 먼저, 내 안에 성령, 한울님이라는 밝음(明)이 있음을 알고 이 상태를 온전히 회복하는 데 집중하며, 나아가 이 밝음을 세상에 베풀기 위해 힘쓰는 것이다. 다음은 한울님이 나에게

---

69 이 10가지를 내 안과 밖의 한울님을 잘 모시고 대하기 위한 유의사항으로 항상 염두에 두자.

생명을 주시고 지금까지 살아갈 수 있게 해 주신 것은 물론, 주변의 모든 소중한 것을 마련해 주신 은덕德이 한없이 큼을 깨닫고 잊지 않으면서 이에 보답하기 위해 부단히 노력하는 것이다.

또한 나는 한울님의 은덕으로 소중한 생명의 기회를 얻은 만큼, 나 자신을 닦아 세상과 한울님을 위해 해야 할 역할命을 깨닫고, 이를 완수하기 위해 온 힘을 기울이는 것이다. 그리고 지금 내가 하늘과 땅 사이에서 살아가고 있는 것이 바로 한울님이 존재하고 작용道하고 계신 증거임을 확고히 믿고, 한울님의 뜻과 본성에 맞게 살아가는 것이 진정 나 자신을 위하는 길임을 깨달아, 바르고 참된 사람으로 거듭나기 위해 끊임없이 애쓰는 것이다.

뿐만 아니라, 한울님은 잠시도 쉬지 않고 나를 포함한 모든 생명을 낳고 기르는 데 전념하고 계시는데, 나는 과연 게으르지 않고 정성誠을 다해 한울님을 모시면서 주어진 역할을 다하고 있는지 살피며 바로잡는 자세를 잃지 않지 않는 것이다. 또한 내 안의 무형한 한울님을 잘 모시는 것은 물론, 모든 생명 역시 한울님을 모신 귀한 존재임을 알고 마음으로 싫어하거나 거스르지 말고 공경敬을 다해 대하도록 항상 스스로를 되돌아보는 것이다.

그리고 한울님은 모든 생명을 오로지 공변公되게 일체의 차별 없이 낳고 살리는 일을 잠시도 쉬지 않고 하고 계시는데, 나는 이러한 한울님의 크나큰 은덕 속에서 살면서도 내 한 몸만을 위해 욕심私을 부리고, 두려움畏도 모른 채 한울님을 의식하지 않으면서 함부로 살고 있지는 않은지 스스로 점검하는 것이다.

끝으로, 한울님 상태를 온전히 회복하는 길은 한울님처럼 생명을 위하고 살리기 위해 마음心을 바르고 참되게 쓰는 데 있음을 알고 매일매일 자신을 반성하고 보완·발전시켜 나가는 생활을 실천하는 것이다.

마음공부를 통한 변화

이처럼 내 마음을 한울님에 맞게 쓰기 위해 노력하고, 심고와 주문, 궁리를 통해 꾸준히 닦아 나가면, 내 마음이 점점 맑고 밝고 지혜로운 상태로 바뀌는 것을 경험할 수 있다. 정성·공경·믿음을 다해 공부를 해 나가면 내 마음에 자꾸 긍정적·발전적인 변화가 찾아오기 시작한다. 이제 그 구체적인 과정과 내용을 한번 살펴보자.

내 마음을 닦고 본래의 성령, 한울님 상태로 돌아가기 위해 주문을 정성을 다해 외우다 보면, 처음에는 마치 내 마음 빈 곳에서 빛이 나오듯이 스스로 밝아져 어렵고 복잡한 문제와 이치를 깨닫게 된다.[70] 앞의 이치 헤아리기 부분에서 설명했듯이 어떤 해답이나 깨달음을 꿈으로 꾸기도 하고, 마음으로 어떤 장면을 보기도 하며, 갑

---

70 이때의 마음 상태를 마치 빈 가운데에서 빛이 나오는 것과 같다 하여 허광심 虛光心이라 한다.

자기 빈 가운데서 나오는 말을 듣기도 하고, 또 어떤 문제를 생각하면 곧바로 답을 알아버리게 되는 것이 바로 이 단계이다.

그러나 이렇게 무언가를 깨닫게 되는 새롭고 신기한 경험을 한다고 해서 안주하여 수련을 게을리해서는 안 된다. 지금은 내 안의 한울님과 소통하면서 한울님과 같은 상태에 도달하기 위해 마음과 기운을 닦아 나가는 과정(수심정기修心正氣)에 있기 때문이다. 그러므로 정성과 공경과 믿음을 더하여 심고하고 주문 외우고 궁리窮理하며 나아가고 나아가야 한다.

이 단계에서 계속 닦으며 나아가다 보면 이번에는 내 마음이 비고 고요하고 물을 것도 없고 들을 것도 없으며, 삼라만상이 오직 하나요 둘이 아닌 자리, 선과 악, 좋고 나쁜 것, 태어나고 죽는 일체의 분별이 없는 자리, 그렇고 그러한如如 경지에 들어가게 된다.[71] 즉, 내 마음이 본래 성령 자리에 온전히 들어서게 되는 것이다. 이 자리는 하늘도 비고 만물도 끊어진 곳으로, 세상의 수많은 변화를 초월한 곳이다. 그만큼 공부가 깊어진 것이다.

하지만 나의 본래를 온전히 찾아 이 세상에서 해야 할 역할과 사명을 수행하기 위해서는 여기에 머물러서도 안 된다. 한울이 비고 만물이 끊기며, 도가 빈 데 멎는다면 온전한 한울과 도의 상태라고

---

71 이때의 마음을 일체의 분별없이 그렇고 그런如如 상태에 있다 하여 여여심如如心이라고 한다.

할 수 없기 때문이다.

따라서 다시 마음을 굳게 먹고 주문 외우기와 궁리에 진력해야한다. 집중하고 집중하여 계속 공부를 해나가면 다시 한 단계를 뛰어올라, 이번에는 하늘도 비지 않고 만물도 끊기지 않은 자유로운경지에 마침내 도달하게 된다. 내 마음이 일체의 장애로부터 벗어나게 되어 그야말로 자유自由롭게 쓸 수 있는, 마음을 한껏 써도 한울님의 뜻과 법도에 어긋나지 않은 단계에 이르게 되는 것이다.[72]이 경지에 이르면 내 마음과 기운이 본래의 한울님과 완전히 같아진 상태에서 자유롭게 쓸 수 있고, 한울님 마음과 기운을 내 마음과기운으로 변함없이 간직하여(守心正氣) 바르고 참되게 살아갈 수 있게된다.

사실 마음이 옥같이 되고자 하면 옥도 장애요, 마음이 어떤 물건이 되고자 하면 물건도 장애요, 마음이 물水같이 되고자 하면 물도또한 장애요, 마음이 비고 고요하게 되고자 하면 비고 고요한 것도장애요, 마음이 밝아지고자 하면 밝은 것도 장애요, 나로서 나를 없애려 하면 나도 장애요, 마음으로 마음을 없애고자 하면 마음도 또한 큰 장애가 될 것이다. 내가 자유로운 경지에 들어서면 도가 반드시 끝이 없을 것이며, 세상이 자유로우면 세상 또한 없어지지 않을

---

72 이때의 마음을 일체의 업인業因과 장애로부터 벗어나 자유롭게 되었다고 하여 자유심自由心이라고 한다.

것이며, 사람이 자유로우면 모든 사람이 마침내 이 자유를 깨닫게 될 것이다.[73]

우리가 힘들게 나를 점검하고 보완하며 계속 수련을 해 나가는 것은 모두 이러한 진정한 자유를 얻기 위함이다. 내 생명을 낳고 길러주신 천지부모님의 은덕을 알고 감사하는 데서부터 시작한 마음공부가 마침내 이처럼 높고 깊은 경지로 나를 이끌어 주는 것이다.

하지만, 이러한 마음공부도 현실의 생활에 연결되지 않는다면 꾸준하게 힘차게 실행해 나가기도, 가치 있고 행복한 삶으로 이어가기도 어려울 것이다. 그러므로 나 자신과 사랑하는 사람들, 나아가 세상의 진정한 변화를 이뤄 나가기 위해서는 마음공부心學를 일상 속에서 끊이지 않고 충실히 해 나가는 것이 반드시 필요하다.

마음공부 일기心學日記 쓰기

그렇다면 이 마음공부를 실제 삶속에서 보다 면밀하고 체계 있게 해나가기 위해서는 어떻게 해야 할까? 이를 위한 좋은 방법의 하나가 바로 심학일기心學日記 즉, '마음공부 일기 쓰기'이다.

사람은 누구나 아침에 일어나 하루 생활을 시작하고 밤에 잠자리

---

73 이상의 마음공부를 통한 변화 과정은 손병희의 『무체법경無體法經』〈삼심관三心觀〉 내용을 반영하였다.

에 든다. 그런데 내가 아침에 일어나고 식사를 하고 학교와 직장으로 나가 공부와 일을 하며, 다시 저녁에 집으로 돌아와 식사를 하고 잠자리에 들기까지 모든 것은 내가 마음으로 성령과 육신을 활용한 데 따른 것이다. 그리고 이는 한울님이 항상 함께하며 은덕과 감응을 베풀어 주시기에 가능한 일이다. 그럼에도 나 혼자만의 생각과 노력으로 하는 것인 줄 알고, 잘될 때는 기뻐하며 잘난 체하다 잘 풀리지 않으면 가슴 답답해하고 불안해하며 화를 내고 절망한다. 그럴 때마다 내 안의 한울님도 같이 불안해하고 힘들어하고 상한다는 것을 알아야 한다.

이제 내 안에 한울님이 계시고 나와 항상 함께한다는 것을 깨달았으니, 이런 잘못된 자세에서 벗어나 앞으로는 내가 삶 속에서 행하는 모든 것을 마음으로 살피면서 한울님에 맞게 해 나가도록 정성을 들여야 한다. 즉, 내가 생각하고 말하고 행동할 때 어떻게 마음을 쓰고 있는지 차분히 살피면서 그른 것은 바로 잡고, 바른 것은 더욱 바르게 하면서 내 삶을 부단히 보완·발전시켜 나가야 한다. 이처럼 실제 삶 속에서 내 마음 쓰는 것을 일일이 살핌으로써 내 안의 한울님과 더욱 가까워지고 스스로 완전한 인격을 향해 충실하게 나아가게 하는 것이 바로 심학일기心學日記 쓰기이다.

이러한 마음공부 일기는 쓰는 방법이 의외로 간단하다. 무엇이든 어렵고 복잡한 것은 좋지 않다. 먼저 일기장을 하나 마련하자. 그런 다음, 매일 아침 하루 일과를 시작하기에 앞서 그날의 계획을 세워 본다. 계획 세우기도 복잡하게 할 것 없이 그날 해야 할 일들을 짧은 단어로 그냥 순서에 따라 쭉 나열하는 정도면 충분하다. 물론, 마음공부 일기를 쓰기에 앞서 한울님께 "오늘 하루 바르고 참되게 살아가도록 최선의 노력을 다하겠습니다. 부디 감응感應하여 주옵소서."라고 극진히 심고하는 걸 잊지 말자. 그리고 이렇게 해야 할 일을 나열한 아래쪽에는 하루 생활에 임하는 각오와 다짐을 1-2줄로 간략히 적어본다. 이로써 하루 일과 계획은 다 세웠다.

계획을 세운 다음에는 해야 할 일을 하고 만나야 할 사람을 만나면서 하루 일과를 한울님 뜻과 본성에 맞게 살아가기 위해 최선의 노력을 다한다. 아침에 했던 각오와 다짐을 되새기며 내 마음을 더욱 바르고 참되게 쓰고, 정성·공경·믿음을 다하도록 집중한다.

이렇게 하루 일과를 모두 끝낸 후에는 다시 하루를 되돌아보는 시간을 갖는다. 밤에 잠자리에 들기 전 일기장을 꺼내 그날 아침에 계획 세운 일과를 순서대로 되돌아보며 반성해 본다. 계획한 일을 바른 생각과 말과 행동으로 시간을 지키며 상황에 맞게 원활하고 충실하게 잘했다면 동그라미(○), 잘했지만 부족한 점이 있다면 네모(□), 그저 그런 보통이라면 세모(△), 보통보다 못했다면 거꾸로 세모(▽), 해내지 못했거나 결과가 좋지 않았다면 가위(×)로 표시하며 스스로 하루 생활을 점검하고 평가해 보는 것이다.

이때 평가 표시 옆에는 그렇게 하게 된 원인과 조건을 따져 보며 간략히 적어 본다. 계획을 잘 수행했든 하지 못했든 그 과정에서 마음을 사용하여 생각하고 말하고 행동함에 있어 잘잘못을 검토하며, 그 원인과 조건을 간략하게 살펴 본다. 나아가 개선하고 보완할 수 있는 방법이 무엇인지도 스스로 생각하고 적어 본다. 이렇게 하루 일과를 차분히 되돌아보되 시간은 10분 안팎으로 끝내도록 한다. 점검과 반성을 너무 심각한 분위기로 할 필요는 없으며, 그냥 순서 대로 쭉 살피며 한번 평가해 보는 정도로 충분하다.[74]

이렇게 하루 이틀, 한 달 두 달, 한 해 두 해 일기 쓰기를 계속하면 내가 마음을 쓰는 데 있어 부족하고 그른 것은 자꾸 없어지고 충실하고 옳은 것은 늘어나면서 점차 한울님의 뜻과 본성에 맞게 변화해 나갈 것이다. 그러면서 나 자신이 자연히 한울님으로부터 밝음과 지혜를 더욱 많이 더욱 원활히 받게 되고, 한울님 상태도 보다 빠르게 회복해 나가게 될 것이다.[75]

이렇게 되면 나의 생각과 말과 행동이 더욱 면밀하고 충실해져서 시기와 상황에 잘 들어맞게 될 것이다. 이로 인해 하는 일마다 성과를 내고, 주변 사람들과 관계도 좋아지며 나중에는 칭찬과 존경까지 받게 될 것이다. 왜냐하면 이는 그만큼 내가 실제 삶 속에서 생

---

74 점검과 반성을 너무 심각하게 하거나 스스로를 너무 옥죄지 않도록 한다. 오늘이 지나면 내일, 내일이 지나면 모레가 오듯이 하루하루 삶은 이어진다. 그러므로 조금 가벼운 마음으로, 그냥 하루를 쭉 훑어본다는 느낌으로 하면 좋겠다. 마음공부 일기 쓰기 자체가 또 하나의 부담이 되지 않도록 한다.

75 "마음의 얻고 잃음을 알지 못하거든 오늘에 있어 어제의 그름을 생각하라." 최제우, 『동경대전東經大全』〈팔절八節〉

각과 말과 행동을 한울님의 뜻과 본성에 더욱더 맞게 해 나가게 되기 때문이다.

이처럼 한울님과 부합하는 삶을 살기 위해 내 마음을 살피면서 정성과 공경과 믿음을 더해간다면, 나의 강점과 부족한 점, 성향과 자질을 더 잘 알게 되고, 보완·발전 방법까지 깨닫게 될 것이다. 그리고 어느 시점에 이르러서는 이 세상에서 해야 할 나의 역할과 사명도 자연스레 알게 될 것이다. 그동안의 삶이 내가 임의로 살아온 삶, 나 혼자 잘 먹고 잘 살기 위한 삶이었다면, 한울님과 함께하는 삶은 한울님의 뜻을 이 세상에 펴고 형제 동포인 세상 사람 모두를 위하는 삶으로 나를 이끌어 줄 것이기 때문이다.

다. 본래생명 체행體行하기

이상과 같은 노력과 정성으로 내 마음이 본래의 성령, 한울님의 상태를 계속 회복하고 우주자연과 인간 세상의 이치도 꾸준히 깨닫게 되면, 점차 마음에 지혜와 용기와 능력이 생기게 된다. 이전과 다른 사람으로 계속 변화·발전하며 거듭나는 것이다. 이렇게 마음공부心學가 진전되어갈 때 중요한 것이 올바른 체행이다. 한울님과 통하면서 얻은 마음의 지혜와 능력을 실제 행동에 옮김으로써 세상에 베풀 줄 알아야 하는 것이다.

마음으로 깨달음을 얻고도 실천하지 않는다면 죽은 수련에 지나지 않는다. 무언가를 깨달았을 때는 삶 속에서의 실천을 통해 다시 몸으로 깨닫는 과정을 거치는 것이 반드시 필요하다. 몸으로 체행할 때 공부가 보다 확실하고 깊고 정밀해져서 온전한 나만의 깨달음이 되며, 그런 다음에야 더 높은 단계로 나아갈 수 있는 것이다. 마음공부하는 사람에게 체행은 그만큼 중요하다.

사인여천事人如天

그중에서 마음공부하는 사람이 가장 중요하게 여겨야 할 실천 덕목이 바로 '사인여천事人如天'이다.[76] 사인여천은 글자 그대로 '사람을 높고 귀한 한울님과 같이 섬긴다.'는 뜻이다. 사람을 한울님같이 섬겨야 하는 이유는 내 생명의 탄생과 지금까지의 성장 과정을 살펴보면 분명해진다.

앞에서 계속 얘기했듯이 나는 유형한 부모인 아버지, 어머니가 덕德을 합한 위에 무형한 부모인 한울님의 생명작용이 더해졌기에 존재할 수 있었다. 한울님께서 소중한 생명의 기회를 주셨으며, 육신 부모님이 당신의 피와 살을 내어 주시고, 먹여 주고 입혀 주시며, 가르쳐 주셔서 지금까지 이만큼 살아올 수 있었던 것이다.

---

76 사인여천 부분은 오명직의 글을 중심으로 작성했다.(동귀일체, 『천도교 신앙입문』, 글나무, 2021, 74-76쪽 ; 동귀일체, 『천도교 신앙심화』, 글나무, 2022, 104-117쪽)

그리고 나를 낳은 한울님은 현재 내 안에 들어와 살고 계신다(내 유신령內有神靈). 한울님은 나는 물론 당신이 낳은 모든 사람과 물건의 안에 들어가 살고 계신다. 그러므로 나와 세상 사람은 한울님이라 는 같은 부모의 탯줄에서 나온 동포同胞요, 형제자매이다.[77]

이상에서 우리는 다음과 같은 실천 윤리를 얻을 수 있다.

첫째, 내가 천지부모天地父母의 은덕으로 살아왔음을 안다면 반드 시 은혜에 보답할 줄 알아야 한다.

둘째, 부모님이 생명은 무한한 사랑과 헌신으로 대하는 것임을 직접 보여 주셨다는 것이다. 한울님께서 마치 "사랑하는 자식들아! 생명은 이렇게 대하는 것이야. 이렇게 정성과 공경을 다해 위하고 살리는 것이란다."라고 하시면서 나를 낳고 길러 주신 것이다. 그러 므로 나 역시 다른 생명을 높고 귀하게 여기며 사랑과 헌신으로 대 할 줄 알아야겠다.

셋째, 사인여천을 실천함으로써 내 안의 한울님은 물론 다른 사 람 안의 한울님도 위함으로써, 한울님의 크나큰 은혜에 최대한으로 보답할 수 있다. 즉, 사인여천은 내 생명과 존재를 있게 해 주신 천 지부모님께 은덕을 갚는 가장 가깝고 효과적인 길이다.

---

77 한울님은 사람뿐만 아니라 모든 생명과 물건을 낳고 그 안에 들어가 살고 계 신다. 이를 보면 나와 다른 사람은 물론이고 동식물, 광물 등 이 세상 모든 존 재가 같은 부모인 한울님의 탯줄에서 나왔음을 알 수 있다. 세상 사람은 모두 나의 형제자매이며, 온갖 만물도 모두 나의 동포同胞인 것이다.

이처럼 사인여천의 실천은 내 생명을 낳고 길러 주신 한울님의 은덕을 깨닫고 갚으려는 마음에서 시작한다.

그러면 이처럼 중요한 사인여천事人如天에는 어떤 정신이 담겨 있는 것일까.

첫째는 평등平等이다. 사람은 모두 한울님을 모셨으니(侍天主) 똑같이 평등하다. 사람은 누구나 한울님을 모셨음을 확신하고 사람의 높고 귀함이 한울님의 높고 귀함과 같음을 알아 일체의 인위적·계급적인 차별 없이 서로 존경해야 한다는 것이다. 즉, 인격人格을 신격神格으로 높인 신인합일神人合一의 평등이다.[78]

둘째, 경외敬畏이다. 자기 자신은 물론 다른 사람 모두 한울님을 모셨음을 명심하고 삼가고 두려워하는 마음(경외지심敬畏之心)으로 살아가고 대해야 한다. 죄 없는 곳에서 죄 있는 것 같이 하는 높은 경외의 마음을 간직하고 실천할 줄 알아야 한다.

셋째, 예의와 양보이다. 모두 한울님을 모신 만큼, 서로 예의를 지키며 공손하게 대하고 사양할 줄 알아야 한다. 상대에게 절하는 마음, 존경과 사랑, 겸손과 겸양, 양보를 실천할 줄 알아야겠다.

넷째, 근신勤慎이다. 내 안은 물론 상대의 안에도 한울님이 계신 만큼, 항상 생각과 말과 행동을 삼가고 조심해야 하며, 특히 언행이

---

78 "시천주는 생명체의 확고한 당당함과 정확한 평등의 선포입니다. 정확한 평등이란 생명체들 간의 근원적 평등이고, 생명체와 한울님天과의 근원적 평등입니다." 이재웅, 〈동학과 과학(1)〉, 『신인간』, 신인간사, 2022.1월호, 65쪽.

일치해야 한다.[79]

다섯째, 관용寬容이다. 상대가 한울님을 모신 존재임을 잠시도 잊지 말고, 언젠가는 바르고 참된 길로 돌아올 것임을 믿고, 인내와 이해로써 너그럽게 용서함으로써 포용할 줄 알아야 한다. 자존심과 자기만 옳다는 생각에서 고집과 불평, 불만과 불화, 허물과 부정이 생기며 이해심과 인내심이 없어지고 상대에 대한 인애지정仁愛之情이 사라지게 된다. 그러니, 항상 관용을 가지고 스스로 부끄러워할 줄 아는 공경심으로 모든 사람을 한울님같이 대해야 할 것이다. 관용에서 이해와 동정과 인애지정이 생기고 대동단결이 되며 나아가 모두가 한울님 상태로 돌아가 하나 되는 동귀일체同歸一體도 이룰 수 있을 것이다.

이처럼 중요한 사인여천을 실천하려면 내 안에 사인여천할 수 있는 마음을 갖추고 길러야 한다. 사인여천을 실천하는 마음을 갖출 때 우선 내 안의 한울님이 기뻐하시고, 나는 한울님과 더욱 가까워지며, 본래의 한울님 상태도 더욱 빠르게 회복할 수 있는 것이다. 이는 사인여천이 최고의 수련법임을 의미한다.

뿐만 아니라, 사인여천을 진심을 다해 실천하면 상대방이 모신 한울님도 기뻐하시고, 나와 상대가 서로 화해져서 자연히 원만한

---

79 그래서 수련하는 사람은 다른 사람을 대할 때 항상 어리석은 듯이 하고(愚), 될수록 말을 많이 하지 말며(默), 말을 해야 할 경우에도 가급적 어눌(訥)하게 하는 것이 좋다.

관계를 이루게 된다. 즉 사인여천은 개인의 수련법을 넘어 좋은 인간관계, 아름다운 사회를 만드는 수준 높은 공중도덕이기도 한 것이다.

사인여천의 근본정신인 평등, 경외, 예양, 근신, 관용을 바로 알고 실천해 갈 때 나 자신은 물론 사회 전체가 '사람이 곧 한울님'인 인내천人乃天에 도달하게 될 것이다. 나아가, 사인여천의 정신을 사람을 넘어 물건에까지 실천할 수 있다면 더할 나위 없이 훌륭하고 아름다운 도덕문명 세계를 이룰 수 있을 것이다.

한울님 본성本性 체행

이러한 사인여천에 더해 사람이 일생을 두고 수련의 목표로 삼아야 할 덕목이 있다. 그것은 바로 한울님의 변하지 않는 속성, 즉 본성本性이다.

나는 한울님으로부터 나왔고, 한울님은 한없이 맑고 깨끗하며, 무한한 지혜와 능력과 보고寶庫를 가졌다고 하였다. 한울님은 시작도 끝도 없고, 나고 죽는 것도 없이 항상 그렇고 그렇게如如 존재한다. 한울님은 일체의 분별을 넘어서서 오로지 생명을 낳고 살리는 본연의 역할을 쉼 없이 수행하신다. 우리가 수련을 하며 더 나은 삶을 살기 위해 애쓰는 것은 내 존재가 시작된 이러한 한울님의 본래 상태로 되돌아가기 위함이다. 한울님의 속성을 온전히 회복하는 것, 이것이야말로 수련과 인생의 궁극적인 목표인 것이다.

한울님의 본성을 수련의 기준으로 삼는다면 나 자신과 한울님이 하나 되는 길을 보다 일관되고 집중력 있게 걸어갈 수 있을 것이다. 이를 통해 나의 인격도 보다 빠르고 원활하게 완성하고 인생의 궁극적인 가치와 행복도 찾을 수 있을 것이다.

한울님의 본성은 크게 다섯 가지로 정리할 수 있다.[80]

첫째, 무극無極이다. 한울님은 무궁한 존재로, 끝이 없으며 무량광대하다. 그저 무궁에서 무궁으로 흘러갈 뿐이다. 한울님은 나지도 죽지도 않으며(불생불멸不生不滅) 존재하지 않는 곳이 없다(무소부재無所不在). 또한, 한울님은 무한한 지혜와 능력의 공급처요, 무한한 보물창고寶庫이다. 이는 내가 지극한 수련으로 한울님과 통하게 되면 이러한 지혜와 능력, 나아가 물품까지 정당하게 활용할 수 있게 됨을 의미한다.

이처럼 무궁한 한울님의 경지에 내 마음이 접할 때, 무한한 기쁨과 보람과 행복을 찾게 된다. '나는 일시적이고 허무한 존재가 아니며, 무궁하고 영원하며 존엄한 존재'임을 깨닫게 되기 때문이다. 그럼으로써 진정한 삶의 희망과 용기를 갖게 된다.

그리고 한울님은 무궁한 까닭에 진리 또한 무궁하다. 따라서 우

80　한울님의 속성은 오명직의 〈천도의 법성〉 내용을 중심으로 정리하였다.(동귀일체, 『천도교 신앙입문』, 글나무, 2021, 77-85쪽 참고)

리는 약간의 깨달음이 생겼다고 해서 안주하거나 중단해서는 안 될 것이다. 무궁한 진리를 무궁히 깨달으며 무궁한 발전을 도모해 나가야 할 것이다. 무궁한 이치를 무궁히 살펴내며 무궁한 이 울 속에 무궁한 '나'로 살아가도록 끊임없이 노력해야겠다.

둘째, 원만圓滿이다. 한울님은 원만하여 결함이 없으며, 부분이 아닌 전체이다. 그래서 한울님은 어느 한쪽이나 부분만을 위하는 것이 아니라 억천 만물을 한결같고 변함없이, 모든 인류를 하나같이 간섭하고 명령하고 통일함으로써 생성生成 발전시켜 나간다. 우리는 이러한 한울님의 원만성을 깨달아 원만한 마음가짐과 생활 태도, 성격을 갖추기 위해 부단히 노력해야 할 것이다. 사람의 성격은 그 사람의 운명을 좌우한다. 그러므로 누구와도 통하고 친하고 이야기 나눌 수 있는 원만성을 실제로 체득하고 실천할 줄 알아야 하겠다.[81] 내 마음이 원만해지면 가정과 직장이 원만해지고, 나아가 이 나라와 세상도 원만해질 것이다.

셋째, 개벽開闢이다. 한울님은 개벽성이 있다. 개벽이란 하늘이 무너지고 땅이 꺼져서 한 덩어리로 모였다가 다시 나눠지는 물리적 변화를 의미하는 것이 아니다. 개벽이란 인간의 정신과 삶의 개벽, 즉 복잡한 것을 간결簡潔하게, 부패하고 낡은 것을 맑고 새롭게

---

81 최시형은 〈대인접물待人接物〉에서 "한 사람이 화해짐에 한 집안이 화해지고, 한 집안이 화해짐에 한 나라가 화해지고, 한 나라가 화해짐에 천하가 같이 화해진다"고 하여 원만성의 중요함을 강조하였다.

淸新 바꾸는 것을 말한다. 즉, 인간 문명의 개벽을 의미하는 것이다. 그러니, 나 자신의 정신과 삶부터 개벽하는 데 힘써 어제보다 오늘, 오늘보다 내일이 더 새로워지도록 해야겠다. 뿐만 아니라, 국가와 사회, 세상도 더욱 간결하고 맑고 새롭게 발전되어 갈 수 있도록 부단한 관심과 노력을 기울여야겠다.

넷째, 자연自然이다. 자연은 순리순수順理順受를 말한다. 한울님은 무위자연無爲自然, 무위이화無爲而化[82]이다. 폭력과 억지가 아니라 저절로 화化하여 이루는 무위이화의 법칙으로 만물을 낳고 기른다. 나도 한울님의 이러한 자연성을 본받아 항상 순리순수할 줄 알아야겠다. 개인적인 일이건 공적인 일이건, 큰일이건 작은 일이건 언제 어디서 어떠한 어려움이 있더라도 순리순수를 생각해야겠다. 무슨 일이든 순리대로 할 때 한울님에 부합하는 삶을 살게 되며, 감정적으로 대응할 때 어긋나게 되는 것이다. 감정적인 대응과 인위적인 조작은 나쁜 결과를 불러오고 순리순수는 원만한 처리와 전화위복을 가져온다.

또한 자연에는 인과법칙이 있다. 어제의 원인이 오늘의 결과를 가져오고 오늘의 원인이 내일의 결과를 가져온다. 선을 쌓으면 선한 것이 돌아오고 악한 것을 쌓으면 악한 것이 돌아온다. 따라서 이

---

82 각각 '인위적인 함爲이 없이 자연스럽게 된다', '함爲이 없이 저절로 화하여 이뤄진다'는 뜻이다.

러한 인과의 원리를 명심하여 항상 올바른 생각과 말과 행동으로 좋은 원인을 짓도록 힘써야겠다.

　다섯째, 동귀일체同歸一體이다. 동귀일체의 일체는 '하나의 몸' 즉, 한울님을 의미한다. 나는 물론 다른 사람들, 나아가 세상 만물 모두 한울님으로부터 나왔으며, 그 근본은 한울님이다. 한울님은 원래 한 이치와 기운이다. 그래서 한울님은 이 우주자연을 분열에서 통일로, 각자위심各自爲心[83]에서 동귀일체로 이끌어간다. 따라서 나부터 동귀일체의 정신을 기르고 실천하여 먼저 한울님과 한마음 한뜻이 되고, 내 가정이 한울님과 하나가 되도록 해야겠다. 세상이 온통 분열과 갈등으로 치닫는 지금, 수련하고 마음공부하는 사람들부터 먼저 동귀일체 정신에 따라 한울님으로 돌아가 하나 되도록 최선의 노력을 기울여야겠다.

　우리 주변의 물水은 이러한 한울님의 본성을 가장 잘 보여 준다. 물은 무궁하다. 기온에 따라 눈, 서리, 얼음, 비, 구름 등 여러 형태로 변하지만 그 본질은 변하지 않는다. 그저 무궁에서 무궁으로 흘러가면서 만물이 태어나고 성장하는 근원이 된다. 또한 물은 그야말로 원만하다. 모든 것을 받아들이며, 그 어떤 것에도 자신을 변화시켜 맞춘다. 그리고 개벽성이 있다. 온갖 더러운 것을 깨끗이 씻어

83　자신의 존재가 시작된 성령 즉, 한울님을 잊고 잃어버리고 육신관념에 빠져 제 한 몸만을 위하려는 마음을 말한다.

준다. 그러면서도 자신의 본래 속성은 변하지 않는다. 물은 순리대로 흘러간다. 항상 아래로 흐르면서 모으고 뭉친다. 그렇게 둑을 넘고 산을 넘어 마침내 큰 강과 바다를 이루고야 만다. 우리는 이 물과 같은 한울님의 본성을 배워 자아를 완성해 나가야겠다. 한울님의 본성이 온전히 나 자신이 되도록 노력해야겠다.

마음공부하는 사람이 사인여천과 한울님 본성을 수련과 인생의 기준과 목표로 삼아 부단히 나아간다면, 마침내 좋은 성과를 얻을 수 있을 것이다. 이를 염두에 두고 항상 경외하는 마음으로 한울님께 심고 드리고 한울님이 좋아하는 주문을 외우며, 올바른 이치 헤아리기를 통해 앞으로 나아간다면 내 삶은 하루가 다르게 가치 있고 행복하게 변화할 것이다.

중간에 장애와 어려움을 만날 때는 마음을 낮춰 '참회와 반성'으로 스스로를 되돌아보면서 다시 각오를 다져 나아간다면, 내 모신 한울님의 감응으로 마음이 더욱 바르고 참되고 힘찬 상태로 고양될 것이다. 그러면 다시 돌파구가 열리면서 어려움을 극복하는 것은 물론, 한울님과 더욱 원활하게 통하고 가까워져 마침내 하나 되는 경지에도 이를 것이다.

라. 소원 성취하기

내 안의 한울님을 찾고 소통하며 하나가 되기 위해 노력하는 것은 삶에서 행복을 누리기 위해서이다. 그리고 이러한 행복은 내가 필요로 하고 원하는 것을 이룰 때 즉, 소원을 성취할 때 가장 잘 얻을 수 있다. 여기서는 마음공부하는 과정에서 내가 원하는 것을 어떻게 이룰 수 있는지 살펴보기로 하자.

사실 마음공부를 바르고 참되게 해나가면서 한울님을 잘 모시고 한울님과 긴밀히 소통하며 함께하게 된다면, 내가 하는 일마다 원활하게 잘 풀려나갈 것이다. 이는 무한 능력과 지혜, 무한 보고의 한울님 감응과 간섭을 보다 쉽게 받을 수 있기 때문이다.[84] 그리고 이때 해결하는 소원의 크기와 정도는 내가 마음공부를 얼마나 한울님 속성에 맞게 잘하느냐에 좌우될 것이다.

이처럼 마음공부하는 사람은 무언가 특별한 것에 의해서가 아니라, 내가 바르고 참된 마음으로 한울님과 항상 함께하는 일상 속에서 소원을 자연스럽게 이뤄 나간다. 그러므로 마음공부하는 사람은 평소 무언가를 인위적으로 구하거나 이루려 하지 않고, 매사 정성과 공경과 믿음을 다하여 자신의 삶과 일에 충실하려고 한다. 즉, 내가 해야 할 도리를 다하며 결과는 하늘에 맡기는 것, 항상 한울님과 함

---

84 요즘 자기 개발서들은 소원을 이루는 방법으로 "상상하면 현실이 된다", "이루고자 하는 바를 구체적인 이미지로 그려 보라", "말로 선언하고 글로 반복해서 쓰라" 등을 제시한다. 사실 이것만으로도 효과는 있다. 그러나 이는 주로 내 마음心의 능력에 집중하는 것으로, 내 안의 성령, 한울님의 능력을 본격적으로 활용하지는 못한다. 따라서 나의 노력과 한울님의 감응을 모두 활용하는 시천주 신앙의 방법에는 효과가 크게 미치지 못할 것이다.

께하는 삶을 정성·공경·믿음誠敬信을 다해 살아가는 자체를 소원을 이루는 올바른 길이자 최고의 방법으로 삼는다.[85]

그러나 사람이 인생을 살아가다 보면 갑작스러운 고비나 어려움, 해결하지 않으면 안 될 문제가 자신은 물론 주변에서 생길 수 있다. 별도의 정성을 들여 문제를 해결하고 넘어가야 할 때가 있는 것이다. 그러나 이때에도 개인적인 욕심이나 바람에서가 아니라, 한울님의 속성에 비춰 정당하고 필요한 것인지 먼저 살피는 자세가 중요하다. 그리고 정당하고 꼭 해결해야 하는 문제라는 결론에 도달하면, 우선 스스로 이를 해결하기 위해 상황을 살피고 방법을 연구하는 등의 노력을 기울이는 동시에, 내 안에 모신 한울님께 간곡히 심고를 드리면서 도움을 청한다. 마음공부든 일이든 나의 바르고 참된 정성과 한울님의 감응이 합쳐질 때 비로소 원활하게 해결되고 이뤄질 수 있기 때문이다.

이때에도 무조건 도움을 구하는 자세는 바람직하지 않다. 따라서 한울님에 대한 심고를 "제가 최선의 노력을 기울이겠으니, 바르고 참되고 원활하게 해결할 수 있도록 부디 지혜와 용기와 능력을 베풀어 주십시오. 감응하여 주십시오."라고 하여, 내가 문제 해결의 주체가 되는 자세를 견지하는 것이 중요하다. 이렇게 지극한 심고

---

85 최제우는 "이와 같이 큰 도를 작은 일에 정성드리지 말라. 큰 일을 당하여 헤아림을 다하면 자연히 도움이 있으리라"고 하였다. 최제우, 『동경대전東經大全』〈탄 도유심급歎 道儒心急〉

를 거듭 드리면서 주문을 계속 외운다. 이는 앞서 설명한 '이치 헤아리기' 방법과 비슷하다. 그리고 해결해야 할 문제와 일이 간단하다면 몇 번의 심고로 해결할 수 있겠지만, 크고 복잡하다면 특별히 기간을 정해 기도를 하는 등 집중해서 정성을 들이도록 한다.

이처럼 한울님께 정성과 공경과 믿음을 다한다면 – 나의 소원이 정당하고 필요한 경우라면 – 반드시 이뤄질 것이다.[86] 내 안의 무한 능력과 지혜, 무한 보고의 한울님이 사랑하는 자식의 간절한 마음에 감응하여 반드시 간섭을 베풀어 주실 것이기 때문이다.

---

86 심고와 기도를 통해 병을 치료하고 어려운 문제를 해결하는 등 소원을 이룬 사례는 수없이 많다. 손병희는 이에 대해 "마음의 힘을 얻은 사람은 능히 유정천有情天(= '정이 있는 한울'로 한울님 마음을 뜻함)의 능력과 변화를 행할 수 있다 …(중략)… 신통력이 성품과 마음 수련하는 데서 자연히 생김을 …(하략)"이라 하고 있다. 손병희, 『무체법경無體法經』〈성심신 삼단性心身 三端〉

3. 수련의 최종 목적

그동안 한울님 상태를 회복하고 본래의 나를 찾기 위해 수련하고 마음공부하는 법에 대해 알아보았다. 애초 이 여정은 가치 있고 행복한 인생을 찾기 위해 시작하였다.

그러면, 나는 어떠할 때, 어떤 상태에서 진정한 가치와 행복을 찾고 느낄 수 있는가? 이는 다름 아닌 수련의 최종 목적에 대한 질문이다. 그간의 생각과 논의를 차분히 정리하는 마음으로, 이에 대한 답을 개인적인 차원과 사회적인 차원으로 나눠 살펴보기로 하자.

가. 개인적 목적

수련의 개인적인 목적은 나 자신이 육신의 속박과 질곡桎梏에서 벗어나 본래의 성령, 한울님 상태를 온전히 회복하는 데 있다. 세상의 물욕과 나쁜 습관에 물든 육신관념을 씻어냄으로써, 내 마음을 본래의 상태로 바꾸고 이를 계속 유지·함양하는 것이다. 이처럼 육신관념肉身觀念을 본래성령으로 바꾸는 것을 '이신환성以身換性'이라 한다.

그리고 새로워진 마음을 계속 유지·함양하기 위해서는 앞서 얘기한 수심정기 방법에 따라 효孝·제悌·온溫·공恭의 마음을 어린 아기 보호하듯 하고, 늘 조용하고 잠잠하여 성내는 마음이 일어나지 않게 하며, 항상 깨어 있어 어둡고 어리석음이 없는 상태가 되도록 각별히 노력하는 것이 중요하다.[87]

이렇게 이신환성과 수심정기로 새로워진 마음을 계속 유지·심화시킬 때 나의 육신을 바르고 참되게 사용할 수 있다. 이를 통해 내 삶을 한울님의 뜻과 본성에 맞게 일궈 나가고 원하는 것을 이루며 영원한 행복을 누리는 것이 바로 수련의 개인적인 목적이다.

육신관념을 씻어 내는 과정에는 적잖은 고통이 따른다. 이는 오랫동안 물욕과 나쁜 습관에 물든 채 살아오다 보니, 물들고 왜곡된 내 마음을 본래의 마음인 냥 착각하여 차마 쉽게 버리거나 벗어나지 못하기 때문이다. 그래서 수련을 통해 마음에서 물욕과 습관을 씻어 내고 바꿀 때는 마치 자기 자신을 버리는 것 같은 고통과 갈등, 심지어 혼란을 느끼게 된다. 마음공부를 하면서 육신관념을 버려야 하는 대목에 이를 때마다 왠지 자존심이 상하고, 화가 나며, 받아들여지지 않아 무척 괴롭고 힘든 상태를 경험하게 될 것이다.[88]

---

87 이신환성以身換性과 수심정기守心正氣는 내 마음을 본래의 한울님 상태로 바꾸는 방법이자 상태를 말한다. 수심정기는 한울님 마음을 회복하기 시작한 후 – 기운도 같이 변화한다 – 이를 계속 유지·함양하기 위한 보다 구체적인 방법이다. 그러나 완전한 이신환성과 수심정기는 결국 같은 상태를 의미한다.

88 이때 수련자는 마음을 이러지도 저러지도 못하고 그동안 확신했던 생각과 가치관이 흔들리는 것을 경험하게 된다. 이는 공부가 앞으로 진행되면서 나의 신앙과 삶이 기존의 마음과 생각, 가치관과 방식으로는 감당할 수 없는 더 넓고 깊은 단계로 변화 발전하기 때문에 생기는 현상이다. 무언가 문제나 잘못이 있어서가 아니므로, 그렇고 그렇게如如 대할 줄 알아야 한다.

이럴 때는 어떻게 해야 하는가? 이때는 내 안에 한울님天主은 언제나 나처럼 계시며 우주자연은 변함없이 돌아가고 있음을 믿고, 화내거나 좌절하지 않도록 각별히 유의하면서, 정성과 공경을 더욱 더하면서 계속 심고와 주문, 궁리로 나아가야 한다.[89] 그러면 고비를 넘길 수 있다.

이 과정을 넘기고 나면 보다 넓고 깊어지고 굳세어진 자신을 발견하게 될 것이다. 즉, 내 삶이 더욱 밝아지고 원활하고 충실해지는 것을 경험하게 된다. 이는 그만큼 내 마음에서 육신관념이 없어지고 나 자신이 한울님 본래의 상태를 회복했기 때문이다. 이렇게 보면 이신환성은 자기 혁신을 해나가는 일종의 창조적 파괴의 과정이라 할 수 있다.

그런데, 마음공부의 수준이 높아질수록 이러한 단련의 강도는 더해질 것이다. 하지만, 이 역시 한울님 본래의 상태를 온전히 회복하기 위해서는 피할 수 없는, 아니 공부가 진행되는 반갑고 감사한 과정으로 여길 줄 알아야 한다. 공부 과정에서 단련과 시험에 부딪힐 때, 화를 내고 불안해하거나 좌절하지 말고 우선 마음을 덤덤하게 가지면서 온 힘을 다해 내 마음을 낮추는 데 집중한다. 그러면서 한

---

89 화를 내고 좌절하면 내 안의 한울님이 상傷한다. 나와 한울님 간 통로가 좁아지고 닫혀 문제 해결에 아무런 도움이 되지 않는다. 고비를 만나면 화를 내지 말고 순히 받아들이되, 결코 포기하지 말고 나의 부족하고 잘못된 점을 살피고 이에 대한 보완·발전 방안을 모색하며 현명하게 대처할 줄 알아야 한다.

울님의 은덕과 뜻을 미처 헤아리지 못한 점은 없었는지 참회반성하면서 스스로를 자세히 살펴야 한다. 내가 마음 쓰는 데서, 즉 생각하고 말하고 행동하는 데서, 모나고 작고 좁고, 경직되고 부족하며, 의존적이고 미성숙한 면은 없었는지 깊이 반성하면서 나 자신에게서 원인과 답을 찾는 데 집중해야 한다.

이때는 나 자신이 새로운 나로 변화하는 과정이므로, 생각과 마음을 이전에 비해 훨씬 넓고 깊고 크며 담대하고 굳건하게 가지려 노력하는 것이 중요하다. 그리고 성인聖人과 현인賢人, 주변 수련인들의 좋은 글과 말씀도 도움이 될 것이다. 이렇게 자신을 한껏 낮추고 거듭 살피며 진실하게 참회반성하면 다시 새로운 깨달음을 얻어 고비를 넘길 수 있을 것이다.

때로는 마음공부 과정에서 겪는 이러한 괴로움과 변화가 힘들거나 두렵게 느껴지기도 할 것이다. 하지만 한울님은 변함없이 계시며, 우주자연도 계속 돌아가고 있음을 믿고 계속 앞으로 나아가야 한다. 이렇게 나아가다 보면 '수련 과정에서 괴로움險苦은 계속 생기는 것이구나. 아직 나에게 육신관념이 많이 남아 있는 모양이다. 괴로워하거나 피하려 해서는 안 되겠다.'는 생각이 들 것이다. 이신환성의 과정에서 겪는 괴로움에서 점차 초연해지고 벗어나기 시작하는 것이다. 그러다가 점차 '이 괴로움은 나의 본래를 찾게 해 주는 소중한 계기이구나. 이제부터는 감사한 마음으로 받아들여야겠다.'는 생각까지 갖게 될 것이다.[90] 이 정도에만 이르러도 공부가 많이 된 것이다.

이렇게 계속 나아가다 보면 어느 순간 '아! 괴로움苦은 곧 즐거움 樂이구나. 정해진 괴로움과 즐거움이란 없는 것이구나. 괴로움으로 알면 괴로움이고, 즐거움으로 알면 즐거움이구나. 무엇보다 정성을 지극히 하는 마음에는 즐겁지 않은 것이 없는 것이구나. 그리고 이 것만이 내가 영원한 행복을 찾는 유일한 길이구나. 앞으로 나는 인 생을 이런 마음으로 살아야겠다!'라고 갑자기 깨닫게 될 것이다.[91] 바로 이때 육신관념에서 벗어나 성령의 세계로 본격 들어가기 시 작한다.[92] 유한한 육신 위주의 생각에서 벗어나 무한한 성령의 세계 로 들어가는 것이다.

여기서 우리는 자기 본래를 찾기 위해 마음공부하는 사람이라면,

---

90 마음공부를 할수록 내 안의 한울님과 가까워지고, 한울님 상태를 자꾸 회복하 여 더욱 맑고 밝고 지혜로워진다. 무엇보다 스스로 내 인생의 주인이 되어 보 다 주체적으로 살아가게 된다. 하지만, 공부의 수준이 높아지는 과정에서 변 화와 발전을 겪게 된다. 바로 이것이 처음에는 괴로움으로 다가오는 것이다. 마음공부하는 사람은 이 과정을 굳센 마음과 지혜로 넘기며 점차 육신관념을 씻어내고 본래의 한울님 마음을 회복하여, 마침내 괴로움險苦을 즐거움安樂으 로 여기는 경지에까지 이르러야 할 것이다.

91 "사람의 평생을 고생이라고 생각하면 괴롭고 어려운 일 아닌 것이 없고, 즐거 움으로 생각하면 편안하고 즐거운 일 아닌 것이 없으니, 고생이 있을 때는 도 리어 편안하고 즐거운 곳을 생각해야 할 것이니라. …(중략)… 정성을 지극히 하는 마음에는 즐겁지 않은 것이 없느니라." 최시형, 〈수도修道〉

92 이 경지에 이르면 어떤 역경 속에서도 행복을 간직한 채 제 역할을 다 해내는 진정한 행복인이자 능력자가 될 것이다.

먼저 괴로움苦을 즐거움樂으로 알아야 함을 알 수 있다.[93] 사실, 사람이 육신을 갖고 살아가는 이상 괴로운 일이 없을 수 없고, 이 세상에서 다른 사람들과 함께 어우러져 살아가는 이상 문제와 고민이 생기지 않을 수 없다. 그런데 이때 해답은 다른 곳이 아니고 바로 내 마음과 내 안의 한울님에게서 찾아야 한다. 지속적인 마음공부를 통해 내 안의 한울님과 자꾸 통하고 화化하면서 문제의 해법을 찾는 동시에 괴로움을 즐거움으로 알고 받아들일 줄 아는 마음이 되어야 한다.

이렇게 나아가고 나아가 근심과 질병, 고통이 없는 성령, 한울님 상태를 온전히 회복하게 되면, 육신을 갖고 이 세상을 살아가면서도 괴로움을 즐거움으로 알아 스스로 영원한 행복을 누리게 되는 것이다.[94] 어떠한 험고險苦와 슬픔 속에서도 마음으로 즐겁고 기쁠 수 있다면 진정 행복한 것이다. 즉, 세상의 기쁨과 슬픔, 즐거움과

---

93 "육신을 성령으로 바꾸는 사람은 먼저 괴로움을 즐거움으로 아는 것이 옳으니라." 손병희, 〈이신환성설以身換性說〉

94 육체적 고통을 화禍라고 생각하기가 쉽지만, 육체적 고통이야말로 마음의 기쁨, 즉 복을 창조하는 수단이라고도 할 수 있다. 하루 종일 아무 일도 없이 쉬는 사람과 구슬땀을 흘리며 일하다가 잠시 쉬는 사람이 느끼는 기쁨에는 천양지차가 있다. 농부가 일 년 내내 일하여 가을 추수하는 그 마음의 기쁨은 말로 다 표현할 수가 없을 것이다. 그리고 아기를 얻는 것이 마음의 기쁨이라면, 산모의 진통은 육신의 고통이다. 출산의 진통 없이 아기를 낳을 수 없는 것과 같이, 육신의 고통 없이는 마음의 기쁨을 얻을 수 없다. 육신의 고통을 떠나서 수련이 있을 수 없고, 수련 없이 행복한 마음이 될 수 없다. 오명직, 〈화복의 인과〉(동귀일체, 『천도교 신앙심화』, 글나무, 2022, 84-85쪽)

괴로움을 넘어서서 언제 어디서나 내 마음으로 즐거움과 기쁨을 찾고 간직할 수 있는 것, 이것이 바로 영원한 행복의 길이다.

이처럼 일체의 육신관념을 씻어버리고 우주 전체 생명이자 성령인 한울님과 하나가 되면, 나지도 죽지도 않고(不生不滅) 죽고 사는 것이 하나인(生死一如) 경지에 이르러 영원한 생명[95]과 행복을 누리게 될 것이다.

나. 사회적 목적

다음으로, 수련의 사회적인 목적을 생각해 보자. 사람은 남자 아니면 여자로 태어난다. 이는 사람은 완전한 존재가 아니며 남녀가 조화를 이룰 때 비로소 완전에 이를 수 있음을 뜻한다. 혼자서는 자식을 낳을 수 없고[96], 의식주 등 기본적인 생활도 해 나가기 어렵다.

95　사람의 가장 큰 희망은 죽지 않고 영원히 사는 것이다. 내 안의 한울님을 잘 모시며 수련을 잘하면 3가지 장생長生을 누릴 수 있다. 첫째, 한울님 본성에 맞는 건전한 생활로 육신이 보다 오래 사는 육신 장생. 둘째, 사회나 국가를 위해 많은 덕을 베풀어 후대에 이르도록 존경과 칭송을 받는 덕업 장생. 셋째, 지극한 수련으로 육신관념을 모두 씻어버리고 온전히 한울님과 하나 되어 성령性靈으로서 영원히 살아가는 영적 장생이 그것이다. 오명직, 〈천도교의 내세관〉(동귀일체,『천도교 신앙심화』, 글나무, 2022, 88~96쪽 참고)

96　세상 만물은 동적인 양陽과 정적인 음陰이 조화를 이뤄 생겨난다. 사람도 정자와 난자가 만나 태어난다. 사람은 남자와 여자가 만나 생명을 낳아 기르고 서로 부족한 점을 보완·발전시키며, 진리를 깨닫고 인격을 완성해가는 존재이다.

사람은 다른 사람과 함께 사회를 이뤄 살아가는 존재인 것이다. 무엇보다 부모가 있어야 생명을 시작할 수 있다. 그리고 집안에는 형제와 자매, 주변과 사회에는 친구들과 이웃들, 직장 동료 등이 있다. 이것이 국가 공동체 전체에 이르면 지도자와 국민, 공직자, 각종 직업인 등으로 보다 넓고 큰 관계를 형성하게 된다.

내가 수련하는 목적은 내 안의 한울님을 잘 모시고 스스로 한울님 상태를 온전히 회복하여 영원한 행복을 누리기 위해서이다. 그러나 이러한 행복은 공동체에서 함께 살아가는 다른 사람들까지 모두 한울님과 하나가 되고 서로를 한울님으로 대할 때 보다 지속적이고 안정적으로 유지될 수 있다. 그런 면에서, 바람직한 수련은 나 자신은 물론 다른 사람까지 위하고 살리는 것이어야 한다.

여기서 수련의 사회적 목적이 나온다. 즉, 진정한 부모님인 한울님이 나의 생명을 낳아 준 은덕을 헤아리면서, 똑같이 한울님에게서 태어났고 한울님을 모시고 있는 다른 사람들을 위하고 살리며 다함께 행복하게 살아가는 것이 바로 수련의 사회적 목적인 것이다. 그러므로 올바른 수련인이라면 혼자의 평안과 행복만 추구해서는 안 되며, 수련이 일정한 수준에 이르면 내 가족을 비롯하여 주변 사람들, 나아가 사회와 세상 전체의 행복을 실현하기 위해 노력하는 성숙한 삶을 살아갈 줄 알아야 한다.

사실 이러한 수련의 사회적 목적은 공부를 해나가는 과정에서 자연스럽게 깨닫게 될 것이다. 수련을 통해 본래의 성령, 한울님 상태를 회복하게 되면 육신에 얽매인 고통의 바다苦海에서 스스로 벗어나게 된다. 그리고는 아직도 혼탁한 세상 물결에 빠져 헤매고 있는 중생의 가련한 정경情景을 바라보면서, 이들을 건져 줘야겠다는 사명감을 갖게 된다.

그래서 누가 시키지 않더라도 스스로 중생 속으로 뛰어들어 사람들을 한울님에게로 돌아가게 하기 위해 온 힘을 기울인다. 그리고 이러한 마음이 커지고 깊어지면, 이 세상 자체를 모든 인류가 가치 있고 행복하게 사는 곳(地上天國)으로 만드는 것이 한울님의 간절한 소원임을 알게 되고, 이를 위해 몸과 마음을 다 바치겠다는 거룩한 뜻을 갖게 된다.[97]

그런 점에서, 진정한 수련인이라면 모두가 행복한 공동체와 세상을 실현하기 위한 사회 제도와 규칙, 정치·경제 방안에 대해서도 관심을 가질 줄 알아야 한다. 개개인이 본래의 성령과 한울님 상태를 회복하는 것이 기본이 되지만, 나아가 모두가 행복한 공동체와 세상을 실현하기 위한 방안을 마련하고 실현하는 데까지 이르러야 한다는 것이다. 이렇게 해서 개인의 본성 회복과 세상 전체의 행복이 동시에 추진되면서 서로 상승 작용을 할 수 있게 된다면, 그보다 바람직한 일은 없을 것이다.

---

97 오명직, 〈십삼관법十三觀法 풀이〉(동귀일체, 『천도교 신앙심화』, 글나무, 2022, 34-35쪽 참고)

이상과 같이, 수련의 개인적 목적과 사회적 목적을 모두 살펴보았다. 이를 정리해 보면, 개인적으로는 이신환성以身換性이 되어 육신의 괴로움을 즐거움樂으로 여김으로써 어떤 상황, 어떤 경우에도 행복을 누리고, 사회적으로는 세상 사람 모두를 한울님 상태로 돌아가게 하여 이 땅 위에 다함께 행복하게 살아가는 천국天國을 건설하는 것이 수련의 최종 목적이라 하겠다.

그러나 여기서 간과해서는 안 될 것이 하나 있다. 그것은 한울님과 천도는 무궁·무한하여 끝이 없다는 것이다. 이는 나의 수련과 인생에도 최종 상태가 있을 수 없음을 뜻한다. 그러므로 수련과 인생의 최종 목적은 어떤 구체적인 지점에 이르는 것이라기보다, 오늘은 바르고 참되게, 내일은 더욱 바르고 참되게, 모레는 더더욱 바르고 참되게 살아가는 것이 될 것이다. 인생의 진정한 목표는 부富도, 명예도, 심지어 도통道通도 아니며, 진리를 조금이라도 더 깨달아 보다 바르고正 참되게眞 살아가는 것이다.

이처럼 나 자신을 낮추고 삼가 살피며 나아가는 것이 마음공부心學하는 사람이 항상 간직해야 할 자세이다. 한평생 정성·공경·믿음을 더해 나가면서 바르고 참된 삶을 부단히 열어 나가는 것, 이것이 바로 수련과 마음공부의 최종 목적인 것이다.

제2부
다함께 행복한 세상 만들기

올바른 우주관과 신관에서
올바른 인간관이 나오고,
올바른 인간관에서
올바른 세계관·사회관이 나오며,
올바른 세계관·사회관에서
올바른 공동체가 나온다.

새로운 공동체 구성 방향과 원리

1. 가치관과 사상의 중요성

가. 인간의 행복과 공동체

수련의 사회적 목적은 세상 사람이 모두 한울님 상태를 회복하고 서로 한울님으로 대하며 다함께 행복하게 어우러져 살아가는 세상 地上天國을 만드는 데 있다.

앞에서 얘기했듯이, 나는 다른 사람과 함께 공동체를 이뤄 살아가는 존재이다. 내가 살아오면서 무형한 한울님의 한없는 은덕도 입었지만, 사회라는 울타리가 없었다면 생명을 제대로 유지하지 못했을 것이다. 사람은 사회와 국가의 구성원으로서 경제 활동을 통해 의식주를 마련하고, 건강과 안전을 확보하며 예의와 공중도덕, 법규를 지킴으로써 비로소 온전히 살아갈 수 있다.

이는 사람은 무형한 마음으로 본래성령을 회복하는 것만큼이나 유형한 육신을 유지·보호하는 것과 이를 위해 다른 사람들과 함께 살아가는 바람직한 공동체를 이루는 것 역시 중요함을 의미한다.[98] 온전한 제도와 규칙[99]을 마련하여 올바른 사회를 구현하는 것이 인간의 행복에 직결되어 있는 것이다. 즉, 정치·경제 체제를 어떻게 구성하고 운영하느냐에 개인의 평안과 행복, 나아가 공동체의 유지와 발전이 크게 좌우된다. 바람직한 정치·경제 체제는 개개인에게는 한울님을 모신 사람으로서 원활한 자아실현을, 공동체 차원에서는 보다 안정되고 지속적인 발전을 가능하게 해 준다.

나. 가치관과 사상의 역할

그렇다면 좋은 제도와 규칙, 바람직한 정치·경제 체제는 어떻게 마련할 수 있는가?

이는 우주자연과 신(한울님), 인간 존재에 대한 올바르고 근본적

---

98 무한 능력·지혜의 원천, 영원한 생명성 등에 비춰볼 때 성령의 가치는 육신에 비할 바가 아니지만, 성령과 마음이 머무는 곳으로서 육신을 보호하는 일은 현실적으로 매우 중요하다.

99 인류 사회의 윤리 도덕은 사회를 구성한 사람들이 서로 논의하여 만들지만, 사람의 내면을 자세히 살펴보면 올바른 윤리 도덕도 인간 인식 밖의 한없이 넓고 맑고 깨끗한 성령, 한울님神에서 비롯됨을 알 수 있다. 이는 사람의 인식과 깨달음은 어떻게 가능한가의 문제와 연결된다. 인간에게 진정한 앎은 무형한 성령으로부터 나온다. 그간 인류 문명의 올바른 윤리 도덕과 규칙은 깨달음을 얻으려는 사람들의 노력과 한울님의 감응이 합쳐진 데 따른 것이다.

인 고찰에서 시작된다. 인간 삶의 터전인 우주자연, 존재의 근원인 한울님의 속성을 정확히 파악할 때 온전한 제도와 규칙을 구현할 수 있기 때문이다.

즉, 사람이 살아가는 근본 환경인 우주자연은 어떤 곳인지(우주관宇宙觀), 이 우주자연은 누가 만들었고 어떻게 운행되는지(신관神觀)[100], 사람은 어떤 존재이며 어떻게 살아갈 수 있는 것인지(인간관人間觀)[101], 이 세상은 어떻게 바라봐야 하며, 사회는 어떤 기준과 원칙에 따라 운영되어야 하는지(세계관·사회관世界觀·社會觀)의 가치관과 사상을 올바르게 정립할 때 비로소 가능한 것이다.

이는 모두 인간 존재와 본성을 보다 분명하게 이해함으로써 여기에 부합하고 나아가 더욱 함양·고양시킬 수 있는 사회 제도와 규칙, 정치·경제 체제를 판단하고 도출하기 위한 것이다.

올바른 우주관과 신관에서 올바른 인간관이 나오고, 올바른 인간관에서 올바른 세계관·사회관이 나오며, 올바른 세계관·사회관에서 올바른 공동체가 나온다. 올바른 우주관과 신관, 인간관을 정립할 때, 이 세상을 어떻게 바라봐야 하며 어떤 자세로 살아가야 하는

---

100 우주관에는 신관이 결합되어 있다. 이 우주가 어떤 곳이며 어떻게 이뤄지고 운영되는지 살피고 헤아리는 과정에서 자연히 신의 존재를 알게 된다.

101 사람은 어떻게 생명을 시작하고 유지하는지를 살피는 것으로, 이는 자연히 신의 문제로 연결된다. 이를 통해 사람이 어떤 존재인지, 즉 비천한지 존귀한지를 판단할 수 있게 된다. 인간관과 신관도 서로 밀접하게 연결되어 있다.

지, 인간 사회를 어떤 기준과 원칙에 따라 구성하고 운영해야 하는지 정할 수 있기 때문이다.[102] 그런 다음에야 이런 사회를 구현하기 위한 구체적인 제도와 규칙, 현실적인 정치·경제 체제를 도출할 수 있다. 모든 문명은 의식적·무의식적이든 자기만의 우주관과 신관, 인간관, 세계관과 사회관을 갖고 있다. 어떤 공동체도 좋은 정치와 경제 없이는 지속적·안정적으로 발전할 수 없다.

다. 현대 정치·경제 체제

인간의 행복 실현에 정치·경제 체제가 중요한 요소가 된다면, 현재 우리는 어떤 정치·경제 체제 속에서 살고 있으며, 이러한 체제의 구성 원칙과 특징이 무엇인지 살펴보는 것은 매우 중요한 일이다. 우리가 속해 있는 정치·경제 체제를 아는 데서 새로운 정치·경제 체제 모색에 필요한 시사점을 찾을 수 있기 때문이다.

21세기 인류의 삶에 영향을 끼치고 있는 대표적인 정치·경제 체제는 자유민주주의·자본주의, 사회주의·통제경제 2가지이다.

---

102 세상을 부정적인 시각으로 바라볼 때, 인간은 삶의 의욕을 상실하고 한평생 그럭저럭 견디다 죽으면 된다는 생각을 하게 된다. 즉, 인류의 발전은 물론 정의사회의 실현을 기대하기 어렵게 된다. 그래서 이 세상을 어떻게 보느냐 하는 세계관이 대단히 중요한 것이다. 오명직, 〈천도교의 우주관·신관〉(동귀일체, 『천도교 신앙심화』, 글나무, 2022, 41쪽 참고)

이들 두 체제는 각자 자기만의 가치관과 사상에 기반해 있다. 자유민주주의·자본주의는 '자유自由'를 최우선 가치로 삼아 선거에 기초한 대의민주주의(정치)와 시장·경쟁을 중시하는 자본주의(경제)를 결합한 것으로, 미국·영국 등 서구 국가들이 주도적으로 채택해 왔다. 반면, 사회주의·통제경제는 '평등平等'을 제1의 가치로 주장하며 당黨 중심의 중앙집권제(정치)와 국가 주도의 통제경제(경제)를 주장한다. 소련과 동구 유럽의 붕괴로 현실 정치·경제 체제로서는 실패했지만, 여전히 중국 등 일부 국가는 변형된 형태로 고수하고 있다.

현재 우리의 경우 남한은 자유민주주의·자본주의, 북한은 사회주의·통제경제라는 서로 다른 정치·경제 체제를 도입해 왔다. 이들 2개의 정치·경제 모델은 너무도 다른 가치관과 원리로 인해 관련 국가 내부는 물론, 국제정치 무대에서 긴장과 갈등을 유발하고 있다. 인간에게 가장 중요한 권리인 자유와 평등이 하나로 조화를 이루지 못하고 있는 것이 오늘의 현실인 것이다.

자유민주주의·자본주의

현재 우리나라가 채택 중인 자유민주주의·자본주의는 가치관과 사상의 근원을 17-18세기 서구 계몽철학에 두고 있다.[103] 계몽철학자들은 중세 교회 중심의 억압적 구조로부터 인간을 해방시키기 위해 인간 이성理性에 최고의 가치와 역할을 부여하였다.

자유민주주의·자본주의의 가치관과 사상은 다음의 특징을 갖는다.

첫째 인간을 독립된 개인으로 본다. 계몽철학자들은 인간을 모든 속박에서 벗어나게 하기 위해, 교회는 물론 가족과 전통, 절대군주 등 모든 권위로부터 개인의 독립을 주장하였다.[104]

둘째, 개인의 자유를 가장 중요시한다. 사람은 다른 사람의 권리를 침해하지 않는 한 자유를 행사할 수 있으며, 국가를 포함한 어떠한 권위와 권력의 자의적 관여도 받지 않는다. 개인의 사상적 자유와 토론의 자유, 언론·출판의 자유, 집회·결사의 자유 등은 물론, 무엇보다 개성의 가치를 중시한다.[105] 그리고 이러한 개인의 자유를 실질적으로 보장하기 위해 사유재산제와 시장경제를 인정한다.[106]

---

103 17-18세기 유럽에서 일어난 혁신적 사상을 말한다. 교회 권위에 바탕을 둔 중세 시대의 정신적 권위와 사상적 특권·제도에 반대하며, 인간적이고 합리적인 사유思惟를 주장하였다. 이성의 계몽을 통해 인간 생활의 진보와 개선을 도모하였다.

104 자유민주주의·자본주의, 사회주의·통제경제 가치관과 사상의 오류와 결함은 함재봉의 글에서 많은 시사점을 얻었다.(함재봉, 〈근대사상의 해체와 통일한국의 정치이상〉, 『삼국통일과 한국통일下』, 통나무, 1994, 415쪽 참고)

105 밀Mill은 『자유론』(박홍규 옮김, 문예출판사, 2022)에서 인간 자유의 본래 영역으로 3가지 즉, ① 의식의 내면적 자유(양심의 자유, 사상과 감정의 자유, 의견과 감각의 자유, 의견 표명과 언론·출판의 자유) ② 취향과 탐구를 위한 행동의 자유 ③ 집회와 결사의 자유, 단결의 자유를 주장한다.

106 함재봉, 앞의 글, 418-420쪽 ; Leon P. Baradat & John A. Phillips, 권만학

셋째, 경쟁이다. 개인은 절대자유를 보장받은 이상 각자의 능력과 소질에 따라 마음껏 경쟁하며 경제 활동을 할 수 있다.[107]

넷째, 물질 중심주의이다. 자유민주주의·자본주의 체제는 종교의 자유를 보장하는 점에서 유물론에 기반한 사회주의와 대비된다고 하지만, 그 본질은 물질 중심주의이다. 서구 근대의 인간이 신과 교회로부터 벗어나고 당위와 가치를 버리면서, 그들에게 남겨진 것은 외부 현상계에 존재하는 '물질'이었다. 이에 따라 독립된 개인으로서 서구 근대의 인간에게는 '물질'과 홀로 관계를 맺고 자기 소유로 만들며 살아가는 일만 남게 된 것이다.[108]

이러한 자유민주주의·자본주의는 인간의 정치적·사상적 권리를 높이고 그 활동 수준과 영역을 확대시켰으며, 산업혁명과 더불어 급속도의 경제 성장과 부를 인류에게 가져다 주었다. 그러나 초기부터 노동 현장의 인권 침해, 빈부 격차, 무분별한 개발과 오염 등의 많은 문제를 초래하였다.

이후 지속적인 수정·보완 과정을 거쳐 왔지만 오류와 결함은 여전히 남아 있다.

첫째, 인간을 교회와 국가 권력 등의 억압과 구속으로부터 독립

옮김, 『정치 이데올로기』, 명인문화사, 110쪽 각각 참고.

107 Leon P. Baradat & John A. Phillips, 앞의 책, 125-126쪽 참고.

108 함재봉, 앞의 글, 437-444쪽 참고.

시키는 과정에서, 모든 것으로부터 '단절되고 고립된 개인'을 낳았다. 이는 서구 문명에서 인간의 소외와 고립, 비인간화 등이 갈수록 심화되는 데서 잘 드러난다.[109]

둘째, 개인이 절대자유를 갖게 되었으나, 문제는 '본성이 회복되지 않은' 개인의 자유라는데 있다. 육신관념에 젖은 개인에게 절대자유는 무분별하고 절제 되지 않는 자유로 변질되기 십상이다. 이는 그동안 자본주의를 수정·보완하기 위해 많은 조치를 취해왔지만, 물질 만능 풍토와 빈부 격차 등이 지속되고 있는 현실을 보더라도 잘 알 수 있다.

셋째, 정치 제도가 개인의 정치·사회적 권리를 신장하고 국민들의 참여를 확대하며 법치주의를 도입하는 등 많은 긍정적인 측면을 갖고 있는 것은 사실이다. 그러나 절대개인의 자유와 행복을 보장하는 데 과도하게 초점을 맞추다 보니, 국가 기능이 미치는 범위 자체는 물론 구성원들이 요구하는 문제에 대한 해결 능력이 제한된다. 여기에 대의민주주의 제도인 대통령제와 의원내각제가 주권자인 국민의 참여를 체계적으로 보장하고 요구를 충실히 반영하는 데 한계를 보임으로써 공동체 위기를 더하고 있다.[110]

---

109 함재봉, 앞의 글, 454-456쪽 참고.

110 자유민주주의·자본주의 정치 제도의 근원적 문제 중 하나는 유권자인 국민들이 육신관념을 씻어 내지 못한 상태에서 각종 조직·단체를 통해 사적 이익을 무분별하게 관철시키려는 데 있다. 정치에 인기 영합주의와 부패가 구조적

넷째, 물질 중심주의의 오류와 폐해가 크고도 깊다. 자유민주주의·자본주의에서 개인들이 공동체와 생활 환경 등 외부와 맺는 관계의 기본은 물질을 '소유'하는 것이다. 이들에게 인간관계는 정情을 나누는 것이 아니라, 물건을 사고파는 '계약' 관계이다. 서구 사상에 기반한 체제는 구성원의 삶에 진정한 인간관계, 가치와 당위가 없다는 데 근본 문제가 있다.[111]

서구 근대사상의 이러한 결함과 한계는 그 의식적·무의식적 근원이 되는 서구 교회신앙에서 비롯된다.[112]

서구 교회신앙 즉, '헤브라이즘'[113]은 사람을 신에서 분리된 존재,

으로 연계되어 있는 것이다.

111 함재봉, 앞의 글, 443-444쪽, 453쪽, 459쪽 각각 참고.

112 서구 근대사상은 중세교회로부터 독립하려는 가치관적·사상적 시도였으나, 완전히 벗어나지 못하는 모습을 보인다. 대표적으로 자연법은 신(하나님)이 부여했거나, 신의 자리를 대신한 것에 지나지 않는다. 이는 개인의 자유와 권리에 대한 천부인권설 등에서 잘 볼 수 있다. 경제 측면에서도 전체의 선善은 개인이 자기 이익을 추구할 때 가장 잘 얻어진다는 가정이나, 경제는 공급과 수요라는 '보이지 않은 손'에 의해 조절된다는 '조화론' 등은 모두 그들의 신, 하나님의 흔적이다.

113 유럽 2대 문명의 하나로, 유대 문명이 그 뿌리이다. 인간의 이성理性을 강조하는 그리스 문명, 즉 헬레니즘과 대비된다. 매튜 아놀드Matthew Arnold가 1869년에 출판한 『교양과 무질서Culture and Anarchy』에서 처음 제기했다. 헤브라이즘은 그리스도교에 의해 서양 사상의 기반을 이뤘는데, 우주와 인간을 신이 만든 피조물로 생각하며, 신에 대한 복종과 윤리적 행동을 유일한 가치로 강조하는 초월적 신 중심 사상이다. 현세에 대한 부정적 태도, 神人 계약사상, 예정론, 선민사상, 종말사상 등이 주요 특징이다.(임희완, 『서양 문명의 정체성-헤브라이즘과 헬레니즘의 만남』, 그리심, 2008, 25-26쪽 참고)

더욱이 신의 피조물로 종속되어 있는 존재로 본다. 신은 저 멀리 있으며, 중보자 없이는 신과의 소통은 물론 기도조차 할 수 없다. 중보자를 통하지 않고 기도할 경우 이단異端이 되는 것이다. 또한, 신과 통하는 구체적이고 체계적인 방법과 절차가 결여되어 있다. 내안의 신과 통할 수 있는 심고心告, 주문呪文 등이 없이 그저 '일방적으로 구하는' 기도 하나뿐이다. 이러한 종교에서 신앙인은 신과 인간 존재에 대한 제대로 된 이해 없이 세상의 종말을 걱정하며 자기 한 몸을 위해 신에게 무작정 매달리게 된다.

그런데 문제는 서구 근대사상은 이러한 교회신앙의 빈약한 구원 체계조차 멀리하거나 버렸다는 데 있다. 절대개인이 자유로운 경쟁 속에서 이윤을 향해 달려가지만, 무한경쟁의 삶 속에서 쌓이는 육신관념을 씻어낼 아무런 장치와 방법이 없다는 데 서구가 주도해 온 현대문명의 근원적인 문제가 있는 것이다.

사회주의·통제경제

사회주의·통제경제는 자유민주주의·자본주의의 비인간성을 바로잡겠다며 등장하였으며 주요 가치관과 사상은 다음과 같다.

첫째, 사회주의·통제경제 역시 근대 계몽철학에서 비롯된 절대 개인의 인간관을 이어받아 인간을 신과 종교, 가족 등으로부터 분리되고 독립된 개인으로 본다. 오히려 한 걸음 더 나아가 신과 종교를 현실에서의 계급적 차별을 은폐하는 '거짓된 의식虛僞意識'이라 비판하며 아예 배제·폐지시켜 버린다. 이에 따라 인간은 기존 체제·전통과 연결고리가 완전히 끊어지게 된다. 그런 다음 노동자를 중심으로 하는 계급의식, 공산주의 혁명이라는 최종 목적을 기준으로 개인들 간의 관계와 사회를 인위적으로 재구성한다.

둘째, 평등 지상주의이다. 사회주의·공산주의자들은 초기 자본주의의 비인간성을 지적하며 그 원인을 규제받지 않는 개인의 자유, 과도한 개인주의와 사유재산제에서 찾았다. 그러면서 생산수단의 공적 소유, 계획과 통제에 의한 재화의 생산·분배를 주장하였다. 이를 통해 구성원 간 일률적인 경제적 평등을 추구하였다.

셋째, 계획·통제경제이다. 자유민주주의·자본주의에서의 탐욕스런 경쟁과 무책임한 시장경제에 따른 폐해를 지적하면서, 이른바 '공산혁명' 주도 세력이 생산과 분배, 소비 등 모든 과정과 결과를 계획하고 통제하려 든다.

넷째, 유물론唯物論이다. 인간 사회의 문제와 모순에 대한 원인 진단과 처방, 나아가 발전과 변화 동력을 물질적 토대에서 찾는다. 마르크스로 대표되는 사회주의·공산주의자들은 절대개인의 인간관을 받아들이면서, 개인과 외부 물질과의 관계에 초점을 맞췄다는 점에서 철저한 유물론자이자 지극히 '근대적인' 사상가이다. 다만 인간과 외부 세계의 기본 관계를 '소유'가 아닌 '노동'으로 보는 점에서 자유민주주의·자본주의와 차이가 있을 뿐이다.[114]

이상의 사회주의·통제경제는 자본주의의 비인간성 극복이라는 휴머니즘적 동기에도 불구하고, 중대한 흠결로 인해 자유민주주의·자본주의보다 심각한 오류를 가져왔다.

첫째, 인간을 신으로부터 분리·독립을 넘어, 아예 신과 종교를 없애버린다. 여기에 더해, 가족과 공동체 등 기존 사회관계도 현실에서의 차별과 억압을 은폐·심화시킨다며 모두 끊어 버릴 것을 주장한다. 이로 인해 인간은 더욱더 철저히 분리되고 고립된 개인이 된다. 그리고는 절대개인들 중에 노동자들을 같은 '계급의식'으로 묶어 공산혁명의 주도 세력으로 삼는다. 그리고 절대개인들을 공산혁명의 길로 이끈다는 명분 아래 '전체'의 이름으로 다시 묶는다.[115] 그런 다음 지상 최대의 과제인 '모두가 잘사는' 공산주의 혁명 완수를 위해 집단적인 동원, 감시와 통제, 폭력을 사용한다.

둘째, 자유민주주의·자본주의에서 '자유와 경쟁'을 제거함으로써 그나마 있던 경쟁력과 창의력의 원천을 막아 버린다. 이는 결국 최소한의 먹고사는 문제조차 해결하지 못하는 메말라 버린 공동체를 낳게 되었다.

셋째, 불완전한 계획과 통제로 재화와 서비스를 생산·분배하면

---

114 함재봉, 앞의 글, 443쪽.

115 이 때문에 사회주의·통제경제 체제는 당黨과 국가 기구를 통한 촘촘하고 강압적인 감시와 통제가 중요한 특징이 된다.

서 수많은 실수와 오류를 범하였다. 더욱이 지구촌이 하나가 된 지금 국가의 경제 상황은 수시로 변화하고 있어 이를 정확히 예측하고 모든 것을 계획하며 나아가기란 사실상 불가능하다.

넷째, 평등을 실현하기 위한 혁명과 투쟁은 생산과 분배에 대한 계획·통제권을 누가 쥐느냐의 싸움으로 변질되었다. 결국 혁명 주도 세력이 정치·군사 권력에 더해 경제 계획·통제권, 재화와 서비스 운영·분배권까지 장악하는 거대한 권력이 되고 말았다.

사회주의·통제경제의 보다 근본적인 한계는 유물론 즉, 오직 물질을 기준으로 인간 사회의 모든 문제를 진단하고 처방을 제시하려는 데 있다.

앞에서 얘기했듯 인간은 성령과 마음, 육신의 3가지로 구성되어 있다. 이 우주도 한 개인처럼, 무형한 부분과 유형한 부분으로 구성되어 있다. 그러나 마르크스로 대표되는 서구 사회주의 유물론자들은 무형한 성령, 한울님이라는 개념 자체를 인정하지 않는다. 세상과 사회를 물질 중심의 생산수단과 생산관계로만 바라볼 뿐, 눈에 보이지 않으나 한없이 넓고 크며 영원히 존재하는 성령의 세계를 일절 고려하지 않는다. 그러면서, 데카르트의 '마인드'보다 더욱 편협한 '노동'으로 인간이 외부 세계와 관계를 맺는 방식을 설명하려 든다. 기본적으로 사회주의·통제경제 체제는 이 우주와 세상, 인간에 대해 너무도 편협하고 왜곡된 이해에 기반해 있는 것이다.

잘못된 사회 제도와 규칙은 잘못된 인간관과 세계관에서 비롯되고, 잘못된 인간관과 세계관은 잘못된 우주관, 신관에서 비롯된다. 자유민주주의·자본주의는 그동안 이룬 성과와 인류에게 가져다준 혜택이 적지 않고, 공정公正과 평등平等을 점차 강조하는 등 지속적으로 수정·보완해 왔다.[116] 하지만, 그 가치관과 사상에 결함과 한계를 갖고 있다. 사회주의·통제경제는 당초의 취지에도 불구, 기본적으로 잘못된 신관과 우주관에 기반하고 있다.

---

116 우리 헌법도 초기 자본주의를 수정·보완하여 평등, 균형 발전, 경제민주화 등에 관한 내용을 많이 담고 있다. 제23조 ② 재산권의 행사는 공공복리에 적합하도록 하여야 한다. 제34조 ① 모든 국민은 인간다운 생활을 할 권리를 가진다. 제119조 ② 국가는 균형 있는 국민경제의 성장 및 안정과 적정한 소득의 분배를 유지하고, 시장의 지배와 경제력의 남용을 방지하며, 경제 주체 간의 조화를 통한 경제의 민주화를 위하여 경제에 관한 규제와 조정을 할 수 있다 등이 그것이다.

2. 새로운 가치관과 사상

가. 우주관·신관, 세계관

앞에서 계속 강조해 왔듯 나는 성령과 마음, 육신 3가지로 구성되며, 하늘이 덮고 땅이 실어 주는 가운데 살아간다. 즉, 나는 안으로는 한울님을 모시고(侍天主), 밖으로는 진정한 부모(天地父母)인 한울님의 품속에서 무한한 은덕을 입으며 살아가고 있다.

이 간단한 사실에서 지금과는 본질적으로 다른 새로운 가치관과 사상의 문이 열린다.[117]

첫째, 이 우주자연과 세상은 무형한 한울님天主이 만드신 데 이어 직접 운행까지 하고 계시니, 결코 서구 교회 신앙 등에서 주장하는 것처럼 고해苦海나 종말을 앞둔 곳이 아니며 인간이 행복하게 잘 살 수 있는 즐거움樂의 장소라는 것이다. 우주자연은 기본적으로 '살기 좋은 세상, 즐거운 세상, 멋있는 세상'이다. 이 우주자연을 즐거움과 희망의 세계로 보느냐, 괴로움과 절망의 세계로 보느냐에 따라 인생과 사회를 보는 시각도 완전히 달라질 것이다. 즐거움樂의 세상이라면 살 가치가 있는 세상이요, 괴로움苦의 세상이라면 그럴

---

117 새로운 우주관과 신관, 인간관은 오명직의 글을 중점 참고하였다. 오명직, 〈천도교 우주관·신관〉(동귀일체, 『천도교 신앙심화』, 글나무, 2022, 38-53쪽)

수 없는 세상이다.[118]

이 세계는 고해苦海가 아니며, 부모님이 자식을 위해 마련해 주신 생명의 공간으로, 가장 가치 있고 멋있고 행복하게 살 수 있는 안식처이다. 그러므로 이 소중한 터전이 손상되거나 파괴되지 않도록 잘 보호하면서 부단하게 가꾸고 발전시켜 대대손손 보금자리로 물려줘야 한다는 밝고 긍정적인 마음 자세를 갖게 된다.[119]

둘째, 신(한울님)은 그동안 전통종교들이 가르쳐 온 것처럼 저 멀리 높은 곳에 따로 떨어져 있지 않으며 시천주侍天主 즉, 바로 내 몸 안에 있다는 것이다. 이는 내가 높고 귀한 한울님을 모시고 있으니 나 역시 높고 귀하며, 내 존재는 한울님으로부터 나왔으므로, 기본적으로 한울님과 같은 속성이라는 뜻을 담고 있다.[120] 무엇보다 중

---

118 기성종교 중에는 이 세상에서 고苦를 겪고 나야 저 세상에 가서 극락을 누릴 수 있으며, 이 세상에서의 고생을 저 세상에 가서 낙樂을 누리기 위한 과정이라고 보는 시각이 있다. 심지어 이 세상을 원죄의 세상이라고 보기까지 한다. 이에 따른다면, 이 세상은 그저 지나가는 세상, 가치 없는 세상, 죽도록 고생하다가 버릴 세상으로 여길 수밖에 없다.(오명직, 앞의 글, 40-41쪽 참고)

119 이 세상이 가치 없는 세상, 고해의 세상이라면 종말이 오게 되어 있다. 그런데, 이는 이 세상이 그런 곳이 아니라, 세상을 이렇게 보는 기성종교의 잘못된 우주관 때문이다. 이 세상이 어떤 곳인지 올바르게 안다면 인류에게는 결코 종말이 없음을 알 수 있다. 천주天主께서 조화로 잘 만들어 놓은 세상을 스스로 망가뜨리진 않을 것이기 때문이다.(오명직, 앞의 글, 48쪽)

120 최제우는 이 시천주에 대해 "나는 도시 믿지 말고 한울님만 믿어서라. 네 몸에 모셨으니 사근취원捨近取遠 하단 말가"라고 하였다(『용담유사』〈교훈가〉). 이는 신이 인간 밖의 저 세상 아득하고 먼 곳이 아니라, 바로 내 몸에 모시고 있기 때문에 '가까운데 있는 신을 버리고, 먼 곳에서 신을 찾으려 하느냐'는

요한 것은 나는 중보자를 거칠 필요 없이 내 안의 신에게 직접 기도하고 소통할 수 있다는 데 있다.[121]

여기서 서구 교회신앙과 근본적으로 다른 신앙 체계를 볼 수 있다. 누구나 심고心告와 주문, 궁리를 통해 한울님과 직접 묻고 답하며 자신을 닦아 나가면 구원을 찾을 수 있는 것이다. 뿐만 아니라 지극한 수련으로 내 안의 한울님 상태를 온전히 회복하게 되면 '사람이 곧 하늘'인 인내천人乃天까지 도달할 수 있다.[122]

우리는 한울님을 모신 존재로서 본래의 상태를 회복하는데 노력하는 동시에, 한울님이 이 세상을 만들어 주신 취지를 잘 살려 책임감을 갖고 더욱 가치 있고 행복한 곳으로 일궈 나가야 한다. 나부터 참된 사람으로 거듭나면서, '생명'을 낳고 기르는 데 전념하시는

것이다.(오명직, 앞의 글, 51-52쪽)

121 신앙 측면에서 사람은 한울님을 모신 존재이기 때문에 신과 직접 대화하고 통할 수가 있다. 기독교에서는 예수를 통하지 않고는 인간이 신을 직접 만나지 못한다. 예수의 이름을 빌리지 않고 기도하면 이단이 된다. 동학·천도교에서는 창시자인 최제우를 통해서라든가 그 이름을 빌려서 기도하지 않아도 내 안의 신과 직접 통할 수 있다.(오명직, 앞의 글, 51 참고)

122 한울님이 우리 속에 존재하여 수행을 통해 접근할 수 있다면 어떤 사람은 한울님에 더 가깝고 어떤 사람은 더 멀게 되어 前者가 後者를 지도하는 엘리트주의에 빠질 수 있다는 우려가 제기될 수 있다. 하지만, 시천주 신앙에서는 누구나 정성·공경·믿음만 있으면 모신 한울님과 직접 통하며 깨달음에 이를 수 있다. 뿐만 아니라, '깨달은 사람'은 사인여천('사람을 한울님같이 섬긴다')과 한울님의 속성을 바르게 체득하고 실천하는 사람이다. 따라서 엘리트주의에 따른 과시나 오만, 선민의식, 인위적 차별이나 불평등이 없다.

한울님을 본받아 이 세상을 진정으로 '생명을 위하고 살리는' 공간, 보다 '아름답고 멋진' 삶의 터전으로 만들어 가야 할 것이다.

나. 인간관

동학·천도교의 시천주侍天主에서 사람은 신과 같이 높고 귀한 존재이며, 누구나 노력하면 '사람이 곧 하늘'인 인내천人乃天 상태로 돌아갈 수 있다. 우리는 이러한 시천주·인내천에서 진정한 인본주의人本主義를 발견하게 된다. 시천주·인내천 인본주의는 기존의 통상적인 인본주의를 넘어 사람과 한울님이 서로 통하는 인본주의이며, 사람의 존엄을 신의 위치까지 끌어올린 인본주의이다.

이와 반대로, 사람이 신에 예속된 존재, 노예와 같은 존재라든가, 신과 사람이 직접 통할 수 없다면 결코 높고 귀한 존재가 될 수 없다. 사람이 높고 귀할 수 없다면, 자유와 평등이 어떻게 나올 수 있으며, 설령 찾게 되더라도 큰 의미나 소용이 없을 것이다.

이러한 시천주侍天主·인내천人乃天 사상에서 다음과 같은 인간관을 구체적으로 찾아볼 수 있다.

개인과 전체의 조화

사람 개개인은 한울님을 모신 고귀한 존재로 한울님과 직접 통하면서 각자 자기만의 고유한 가치와 역할을 갖는다. 동시에 사람은 누구나 한울님을 모시고 있고, 한울님이라는 같은 부모에게서 나왔으며, 무엇보다 한울님을 매개로 모두 하나로 연결되어 있다.[123] 사회를 구성하는 모든 사람이 한울님을 모신 존재로서 각자 주체성을 갖는 동시에, 서로 하나로 연결된 전체를 이루는 것이다.

또한 한울님은 우주 전체의 생명을 성장·발전시키기 위해 한 사람 한 사람을 낳고 기르는 것은 물론, 이 세상을 인류 전체가 보다 행복하고 살기 좋은 곳으로 만들기 위해 잠시도 쉬지 않고 은덕을 베풀고 계신다. 이는 시천주·인내천 세상에서는 개인 각자의 안녕·행복과 공동체 전체의 안전·발전이 똑같이 중요함을 의미한다. 다시 말해, 본질적으로 개인과 전체의 조화를 지향한다(개전일체 個全一體).

뿐만 아니라 인생과 수련의 궁극적인 목적도 본래의 한울님 상태로 돌아가는데 있다(동귀일체同歸一體). 여기에서 인간은 서구 근대사상에서와 같은 신과 가족, 공동체 등으로부터 분리되고 고립된 절대개인이 아님을 분명히 알 수 있다.

이러한 존재론의 차이는 인간이 외부 세계를 접하고 앎을 얻는 인식론에도 근본적인 차이를 가져온다.

---

123 인간은 모두 같은 한울님을 모신 존재이다. 나와 부모 형제, 이웃과 세상 사람들, 나아가 만물은 하나로 연결되어 있다.

우리는 앞에서 일관되게 인간은 성령과 마음心과 육신 3가지로 구성되어 있다고 하였다. 여기서 마음心은 서구 근대철학의 개척자인 데카르트가 말하는 '마인드mind'와는 근본적으로 다르다.[124] 마인드는 외부의 물질을 있는 그대로 '반영reflect'하는 일종의 물리적인 내적 공간에 지나지 않는다. 하지만, 마음은 성령과 육신의 중개자로서 나의 모든 내적·외적 활동을 주관한다.

그러므로 마음으로 얻는 앎知은 단순히 '마인드'에서와 같은 시각 위주의 지식에 국한되지 않는다.[125] 듣고 만지고 느끼는 것은 물론 직감하고 꿰뚫어 보는 등의 총체적인 인식을 포괄하는 것으로, 마인드의 그것과는 질적·양적으로 다르다. 더욱이 인간으로서 지켜야 할 가치와 당위, 도덕을 배우는 것은 물론 나아가 이를 몸으로 실천함으로써 체득하는 것까지 모두 포괄한다.[126]

---

124 마인드mind는 데카르트가 근대적 개인이 신으로부터 독립하여 스스로 인식하며 앎知을 얻을 수 있음을 증명하기 위해 만든 개념이다. 마인드는 가치와 당위, 인간의 감정과 영성이 배제된 일종의 물리적 공간으로, 외부현상계의 물질을 있는 그대로 반영reflect함으로써 지각과 인식이 일어나는 곳이다. 로크도 데카르트의 '마인드'를 받아들여, 이를 백지에 비유하면서 '지식'이란 외부의 감각 자료들이 마인드에 와서 충돌함으로써 생기는 자국, 흔적이라고 말한다.(함재봉, 앞의 글, 438-439쪽 참고)

125 마인드에서는 외부 물질을 '반영'하는 특성상 시각 중심의 인식이 일어난다. 서구 인식론은 희랍으로부터 '지식'을 항상 시각적 비유를 통해 이해했다. 안다는 것과 본다는 것을 동일시한 것이다. 플라톤의 '동굴'이나 구약 성경의 진리는 모두 '빛'으로 표현되었다.(함재봉, 앞의 글, 466쪽 각주 56번)

126 함재봉은 유교의 인식론으로 "마음으로 아는 것은 어떻게 가능한가? 그것은

자유와 평등의 조화

인간은 신을 모신 존재로, 태어나면서부터 자유와 평등을 한 몸에 갖추고 있다. 한 사람 한 사람이 높고 귀한 한울님天主을 모시고 있으니, 모두가 자유로우면서 평등한 존재이다. 이런 사람에게 자유와 평등 중 하나가 없거나, 2가지 가치 사이에 차등이 있을 수가 없다. 시천주·인내천 사상에는 자유와 평등이 결코 분리되어 있지 않으며, 어느 한 쪽이 무시되지도 않는 것이다. 한울님을 모신 사람 안에서 자유와 평등은 하나로 통합되며 그야말로 조화를 이룬다.[127]

이때의 자유는 안으로는 모신 한울님에게 부합하고, 밖으로는 다른 사람들의 자유를 존중하는 자유이다. 그리고 평등은 사람을 신神의 위치까지 끌어올린 그야말로 절대적인 평등이다.

여기서 유념해야 할 점은 한울님을 모신 사람의 자유는 자기 마음대로의 자유가 아니라는 것이다. 특히 육신관념에 빠져 방종하는 자유는 더더욱 아니다. 이는 사람이 바로 자기 안에 모신 한울님의 뜻과 본성을 지키고 거기에 부합하는 자유이다. 즉, 한울님의 뜻과

결코 '지각perception'만 가지고는 불가능하다. 그것은 끊임없는 '수신修身', '극기', '훈련'을 통하여 가능하다. 즉 '인간'의 존재론은 곧 '당위'를 내포하고 있으며, 그러한 '당위'를 깨닫는 것은 '훈육'을 통해서만 가능한 것이다."고 주장한다.(함재봉, 앞의 글, 467쪽) 유교의 인식론이 이러하다면, 동학·천도교의 인식론과 대동소이하다 하겠다.

127 오명직, 앞의 글, 49-50쪽 참고.

본성에 벗어나지 않도록 스스로를 살피고 규율하는 자유, 즉 '자율自律'을 말한다. 이 자율이야말로 책임 있고 올바른 자유, 성숙하며 지속 가능한 자유이다.

자율은 한울님의 뜻과 본성에 부합하는 자유이므로 자기 자신만을 위한 이기심이나 물욕으로 인한 폐해가 없다. 그러므로 다른 사람은 물론 공동체 전체와도 조화를 이룬다.[128] 나아가 시천주·인내천의 자유 즉, 자율은 단순히 내 몸을 쓰는 데 있어 물리적 제약을 받지 않는 일차원적 자유가 아니다. 육신관념과 세상의 티끌, 업인業因[129]과 장애에서 벗어난 그야말로 인간 존재의 '진정한 자유'를 뜻한다.[130]

또한, 평등 역시 사회주의·통제경제에서와 같은 인위적·획일적인 평등이 아니다. 인간은 누구나 고귀한 한울님을 모셨음을 알고, 인간 존엄성이 한울님의 존엄성과 같음을 알아 서로 존경하는 평

128 이러한 자율은 마음공부를 통해 세상의 물욕과 나쁜 습관에 물든 육신관념을 씻어 내면서 본래의 성령, 한울님 상태를 회복(以身換性)해 나갈 때 누릴 수 있는 수준과 책임성이 높은 자유이다.

129 선과 악의 결과와 갚음을 일으키는 원인이 되는 행위.

130 서구 근대의 자유는 유형한 세상에서 자기 몸을 쓰는데 있어 제약을 받지 않는 물리적·일차원적 자유를 말한다. 사람이 몸을 가진 이상 이러한 자유는 소중하며, 이는 인권을 신장시키고 현대 문명을 발전시키는데 큰 역할을 하였다. 하지만, 이러한 자유를 넘어 내 마음이 세상 물욕과 나쁜 습관에 물들면서 갖게 되는 '육신관념'으로부터 벗어나는 정신적·근본적인 자유를 이룬다면 더할 나위 없이 좋을 것이다.

등이다.[131] 인간은 가치와 존엄성에서 일절 차별 없이 절대 평등하다. 다만 각자의 재능과 특기, 지혜와 자질 면에서 차이와 다름이 있을 수 있으며, 이는 공동체 안에서 각자 역할과 직분을 다르게 하는 요인이 된다. 그러나 이것이 결코 어떠한 차별이나 불평등의 근거가 될 수는 없다.

성령과 육신의 조화

사람은 성령과 마음, 육신으로 구성되어 있다. 성령은 무한 능력·무한 지혜·무한 보고의 속성으로, 마음은 인간의 생각·말·행동을 주관하는 능력으로 그 중요함이 육신에 비할 바 아니다. 하지만, 육신이 없다면 성령과 마음은 머무를 곳이 없어지게 된다. 따라서 사람이 이 세상에서 살아가는 이상 육신을 중요하게 여기지 않을 수 없으며, 잘 관리하고 보호하는 것이 반드시 필요하다.

내가 마음공부를 통해 본래성령을 회복하려 노력하는 것도 육신의 노예가 아닌 주인이 되어 이를 잘 사용함으로써 한울님 뜻을 이 세상에 실현하기 위함이다. 이 세상을 행복하고 아름다운 곳으로 만들기 위한 모든 활동도 내 육신을 제대로 보호·활용하지 못한다

---

131 오명직, 〈사인여천事人如天〉(동귀일체, 『천도교 신앙입문』, 글나무, 2021, 74쪽)

면 해 나갈 수 없는 것이다.

그러므로 부단한 마음공부로 육신관념에서 벗어나 성령을 온전히 회복하는데 힘쓰는 동시에, 육신을 잘 보호·관리하며 나아가 한울님의 뜻과 본성에 맞게 사용하는 데 집중해야 한다. 즉, 성령과 육신 모두를 조화롭게 닦고 관리하고 운용할 줄 알아야 한다는 것이다. 그런 만큼 시천주·인내천 사회에서는 구성원들이 성령 회복과 육신 보호를 보다 균형 있고 조화롭게 해나갈 수 있도록 권장하고 제도와 정책도 그에 맞춰 시행하는 것이 필요하다.

〈 시천주侍天主 · 인내천人乃天의 가치관과 사상 〉

구 분	내 용
우주관 신관 세계관	■ 전제 : 인간은 안으로는 한울님神을 모시고, 밖으로는 한울님이 마련해 준 품속에서 살아감 ■ 이 우주자연과 세상은 한울님이 만들고 운행하시므로 결코 고해가 아니며 종말을 앞둔 곳도 아님 ■ 한울님은 저 멀리 높은 곳이 아닌 내 안에 계시므로 중보자 없이 직접 기도하고 소통할 수 있음 ＊한울님 상태를 온전히 회복하면 '사람이 곧 한울님'인 인내천 (人乃天)에까지 도달함 ⇒ 한울님 상태 회복에 노력하면서 이 세상을 한울님의 뜻에 맞게 가치있고 행복한 터전으로 일궈 나가야 함
인간관	■ 개인과 전체 조화 : 사람은 한울님을 모신 존재로 높고 귀하며, 한울님을 매개로 하나로 연결되어 있음 ＊개인의 행복과 공동체 발전을 모두 중시, 조화 추구 ■ 자유와 평등 조화 : 사람은 한울님을 모신 만큼 각자 자유自由로우면서 서로 평등平等 ＊자유는 한울님에 부합하려 스스로 규율하는 자율(自律) ■ 성령과 육신 조화 : 성령은 인간 행복의 원천, 육신은 성령과 마음의 거처이자 세상을 살아가는 수단 ＊성령 상태 회복에 힘쓰는 동시에, 육신을 잘 보호·관리하며 한울님의 뜻에 맞게 사용하려 노력

다. 사회관-새로운 정치·경제 체제 구성 원리

지금까지 시천주·인내천 신관과 우주관에 이어 인간관까지 살펴보았다. 이제는 이에 기반하여 바람직한 사회를 어떻게 구성하고 운영해 나갈지를 살펴볼 차례이다. 이는 새롭게 구현해야 할 공동체, 정치·경제 체제의 기본 방향과 원칙을 정립하는 문제이다.

자율과 책임

사람은 모두 한울님을 모신(侍天主) 높고 귀한 존재이다. 그러므로 각자 진정한 주체성을 가진 존재답게 자기 삶을 스스로 꾸려나가고, 자기 정성과 노력으로 자아를 실현해 나갈 권리와 의무를 갖고 있다. 사람은 누구나 본래생명인 한울님으로부터 자신만의 재능과 자질을 받고 태어난다. 시천주 사람은 이러한 재능과 자질을 최선을 다해 개발하고 발휘해야 할 권리와 의무가 있는 것이다.

나아가 사람이 마음공부를 통해 각자 모신 한울님과 원활히 소통하고 본래 상태를 회복하면 자신의 재능과 자질에 맞는 역할과 책임을 알게 되고 이를 한울님의 뜻과 본성에 맞게 온전히 수행해 나갈 수 있게 된다. 이러한 재능과 자질은 공동체 안에서는 각자의 역할과 직분職分[132]이 되고 세상에서는 사명使命이 될 것이다.

시천주 사람은 모두 한울님을 모신 존재이므로, 어떠한 외부적

억압이나 구속 없이 재능과 자질에 따라 자신의 진로를 선택하며 최고 수준의 자아실현을 할 수 있어야 한다. 그런 점에서 자유민주주의·자본주의의 자유自由를 넘어 본질적으로 더욱 심화되고 승화된 온전한 자유를 추구한다. 이러한 자아실현은 정치에서는 공동체의 주인으로서 자기주도적·능동적으로 참여하고, 경제에서는 자기만의 재능과 자질을 살리고 그에 맞게 직업을 선택하여 최대한 발휘하는 것이 될 것이다.

이는 육신관념에 물든 절제 없는 자유나, 전체를 위한 통제가 아니라, 내 안에 모신 한울님의 뜻과 속성을 스스로 지키고 구현하는 '자율自律'을 따를 때 원활히 이뤄질 것이다. 시천주·인내천 사회에서는 바로 이 자율을 통해 자기 역할과 책임을 다하며, 이 과정에서 각자 자아실현도 자연스럽게 이루게 된다. 이처럼 한울님을 모신 존재답게 최선을 다해 자율과 책임을 실천할 때 진정한 민주주의, 아름답고 행복한 공동체도 원활하게 구현할 수 있을 것이다.

정성과 공경

정성은 순일純一하고 쉬지 않는 것을 말한다. 즉, 무슨 일이든 한

---

132 '해야 할 본분'으로, 타고난 재능과 자질에 맞게 공동체 안에서 가장 잘 할 수 있고 해야 하는 역할을 뜻한다.

번 하기로 했으면 오직 거기에만 집중하며 변함없이 노력하는 것을 말한다. 내 안에 모신 한울님의 기대 수준을 충족하기 위해 부단히 노력하고 온전히 집중하는 것이다.

이는 정치·경제, 특히 경제 분야에서 자유민주주의·자본주의, 사회주의·통제경제와 질적으로 다른 원리와 제도를 가져온다. 시천주·인내천 사회에서는 바로 이러한 자기 스스로의 정성에서 경쟁력과 창의력을 찾는다. 즉, 자유민주주의·자본주의처럼 누군가를 이기기 위한 경쟁이나, 사회주의·통제경제처럼 인위적인 목표 달성을 위한 통제가 아니라, 내 안에 모신 한울님의 기대 수준에 부합하고 기쁘게 해드리려는 지극한 정성에서 찾는 것이다.

내 안의 성령, 한울님은 무한 능력·지혜·보고의 존재이다. 이는 비인간적인 경쟁이나 물리적 통제가 없어도, 내가 모신 한울님과의 관계에서 지혜와 능력을 받고 계발함으로써 높은 수준의 새로운 부가가치를 지속적으로 만들어낼 수 있음을 의미한다.[133] 이러한 창의력과 경쟁력, 전문성은 나와 한울님의 관계가 원활해질수록 더욱 높아질 것이다. 그리고 정성은 누구에게 보여 주려거나, 누구를 이기려는 것이 아니며, 오직 내 안에 모신 한울님의 기대와 수준에 부합하기 위한 것이다. 이를 통해 내가 나 자신을 인정하고 자부할 수

---

133 마음공부에 기반한 자율을 통해 한울님과의 관계에서 창의력과 경쟁력을 만들어 내는 상황에서 경쟁은 오히려 부정적으로 작용할 수 있다.

있는 내면적인 기쁨, 자존감과 자긍심을 얻고 마침내 자아실현까지 이룰 수 있다.

그런 면에서 정성은 나의 재능과 자질을 최대한 발휘하고, 주어진 역할과 사명을 다할 수 있게 해 주는 치열한 자기 노력이다. 나의 정성은 한울님의 감응과 온전히 합쳐질 때 높은 성과로 나타날 것이며, 이는 지속적인 경제의 발전과 부가가치 창출로 이어질 것이다.

또 한 가지, 시천주·인내천 사회, 특히 경제에서 중요한 것이 바로 공경敬이다. 서구의 경제사상은 사람을 생산 과정에 투입하여 자연계의 물질을 이용·개발함으로써 부가가치를 만들어내는 데 초점을 맞춘다.[134] 이는 일차원적이고 편협한 유물론적 인식론의 당연한 결과이다.

그러나 시천주·인내천 사회에서는 경제 활동에서도 사람과 물건에 대한 공경敬을 최우선으로 여긴다. 경제 활동에 참여하는 사람도, 경제 활동의 대상이 되는 물건도 모두 한울님을 모신(侍天主) 존재이기 때문이다. 내 안의 한울님을 모시는 공경의 마음, 경외지심敬畏之心으로 생산 과정에 참여하고 투입되는 사람과 물건을 대하면 이들의 안에 계신 한울님이 감응하기 시작할 것이다. 한울님은

---

134 주로 사람의 노동을 통해 부가가치를 만들어 내는데 집중한다.

오직 공경하는 마음을 좋아하시므로[135], 진실로 공경을 실천하는 사람에게 더 많은 재능과 창의력, 재화와 부가가치를 베풀어 주실 것이다. 내 안의 한울님은 물론, 다른 사람과 물건의 안에 있는 한울님까지 감응함으로써 본래 간직한 가치와 역할을 온전하게 발현할 수 있게 된다. 이에 따라 추진하는 사업은 자연히 원활해지고 성과도 좋아질 수밖에 없을 것이다.[136]

이런 점에서 시천주 인간은 생산 활동의 주목적을 돈이 아니라, 물건의 본래 가치 실현에 집중하여 최고 품질의 결과를 만드는 데 둠을 알 수 있다. 그리고 그 과정에서 자신의 인격까지 함양하며, 한울님 즉, 창조자와 같은 생산자가 되는 것을 궁극적인 이상으로 삼는다. 이때 이윤은 이러한 노력에 따르는 자연스런 결과로써 실현된다.

이상과 같이 시천주·인내천 경제는 정성과 공경을 창의성과 경쟁력, 부가가치를 창출하는 핵심 원리와 방법으로 삼는다.

---

135 "하늘은 친함이 없으나, 오직 공경하면 친함이 있다(惟天無親 克敬惟親).", 『서경書經』(태갑 下)

136 "사람마다 사람을 공경하면 많은 사람이 와서 모이고, 사람마다 만물을 공경하면 많은 물건이 움직여 오니, 거룩하다 공경하고 공경함이여!" 최시형, 〈성경신誠敬信〉

동참과 협동

동참과 협동은 시천주·인내천 사회에서 정치·경제 체제를 구성하고 운영하는 기본 원칙이다.

먼저, 정치에서의 '동참同參과 협의'이다. 시천주·인내천에 기반한 정치는 구성원 모두가 공동체의 주인이므로, 주체적인 참여하에 서로 존중하고 협의하는 것을 중요 원칙으로 삼는다. 이를 위해 구성원 개개인은 공동체에서 자기의 삶을 일구는 것에 더해 주어진 역할을 다하기 위해 적극적·능동적으로 참여하고 헌신할 줄 알아야 한다. 한울님을 모신(侍天主) 존재로서 주체성과 참여 의식을 가지고 궂은일도 마다 않으며 아름다운 공동체를 만들고 지키기 위해 노력해야 한다. 즉, 공동체의 주인으로서 한울님의 뜻과 본성에 따라 진정한 민주주의를 구현하는 데 앞장설 줄 알아야 한다는 것이다.

여기서는 자기 자신만을 위하려는 각자위심各自爲心이나 혼자만의 독단과 독재는 허용되지 않는다. 무엇보다 시천주·인내천 사회의 정치는 서구 근대사상이 인간과 가치·당위, 정치와 도덕을 분리시키는 것과는 달리 정치와 도덕, 인격과 권력의 일치를 지향한다. 시천주·인내천 정치의 궁극적인 목표는 구성원 개개인의 삶은 물론, 공동체 전체 차원에서도 한울님 상태를 온전히 실현함으로써, 모두가 하나 되는 동귀일체同歸一體 사회를 이루는 것이기 때문이다.

다음으로, 경제에서의 '공동 번영共榮과 협동'이다. 한울님을 모신 존재로서 나부터 삶의 주체가 되어 스스로를 살리고生 나아가 다른 사람까지 살림生으로써 모두가 행복한 공동체를 만들자는 것이다. 시천주·인내천 사회에서는 구성원 모두가 한울님을 모신 만큼 진정한 주체성을 가진 존재이다. 따라서 자신의 삶은 일차적으로 자기가 책임을 져야 한다.

그러므로 우선 재화와 물품의 개인 소유, 즉 사유재산제를 인정한다. 그러나 여기서의 소유는 세상의 물욕과 나쁜 습관, 육신관념에 젖어 나만을 위하려는 것이 아니다. 시천주·인내천 경제는 육신관념에서 벗어나 내 안의 한울님을 위하면서 육신을 올바르게 보호·관리하고, 사회에서 제 역할과 책임을 다하는 생활을 지향한다. 구성원 각자가 개인의 삶은 물론 사회에서의 사명에 책임을 지는 것을 근본으로 삼기 때문이다.

여기서 절대 간과해서는 안 될 것은 사회의 구성원은 모두 시천주侍天主 인간으로서 한울님으로 서로 하나로 연결되어 있다는 사실이다. 내가 아프면 너도 아프고, 네가 힘들면 나도 힘든 형제 동포인 것이다. 그러므로 나 혼자만이 아닌 모두가 다함께 잘 사는 사회를 추구해야 한다. 이것이 한울님이 이 세상 모든 사람을 낳고 기르는 뜻과 목적에 부합하는 것이다.

이를 위해, 공동 번영共榮을 목표로 공동체 구성원들이 서로 돕고 위하고 살리는 '협동協同'을 경제의 기본 원칙으로 삼는다. 구성원 모두 자율과 책임을 통해 각자 자질과 능력을 최고도로 발휘하는 동시에, 협동을 통해 서로 힘이 되고 상생해야 한다. 이를 통해 개인은 자존감과 행복을 찾고, 사회는 안정적인 부가가치 창출과 경제 발전을 이루며, 서로가 서로를 위하고 살리는 '다함께 행복한 공동체'를 이룰 수 있는 것이다.

이상에서 시천주侍天主·인내천人乃天에 담긴 인간관과 사회관을 살펴보았다.

이 우주와 세상을 어떻게 보는지, 신과 인간의 관계를 어떻게 보는지에 따라 인간으로서 어떻게 살아가고, 사회를 어떻게 구성하고 운영해야 할지가 크게 달라진다. 우리는 시천주·인내천에서 이전과는 다른 새로운 인간관·사회관을 찾을 수 있다. 서구 근대사상에 기반한 자유민주주의·자본주의의 '자유自由'와 사회주의·통제경제의 '평등平等'을 하나로 조화시키고, 자율自律과 정성·공경誠敬으로 지속 가능한 경쟁력과 창의성을 만들어 낸다. 사회 구성원들은 자기만을 위하는 각자위심各自爲心에서 벗어나 한울님을 근본으로 삼아 다함께 잘 사는 진정한 공동체를 실현해 나간다.

그리고 시천주·인내천 정치·경제 체제는 소수의 특권과 독재를 허용하지 않으며, 다수의 방관에도 동의하지 않는다. 구성원 모두 자기 존재와 역할을 인식하고, 서로 존중하며, 함께 머리를 맞대고 힘을 합쳐 나가는 다함께 행복한 사회를 추구한다. 시천주·인내천 사회는 개인의 하루하루 삶이 자아실현과 완성으로 이어지고, 개인의 활동이 모두의 안녕과 행복에 기여하는 아름답고 성숙한 공동체를 지향한다.

〈 시천주侍天主·인내천人乃天의 사회관 〉

구분	내용
사회관 (정치· 경제 체제 구성원리)	■ 자율과 책임 : 사람은 한울님을 모신 존재로서 진정한 주체성을 갖고 스스로 삶을 살아가야 함 - 재능·자질을 개발하고 자아를 실현하며 세상에서 자기의 역할과 직분, 사명을 다할 줄 알아야 함 * 자율을 통해 자기 책임을 다하며 자아실현까지 추구 ■ 정성과 공경 : 한울님 기대에 부합하려는 정성, 모두를 한울님으로 대하는 공경으로 사회 활동 - 이로써 무한 능력·지혜의 한울님과 함께 하며 경쟁력·창의력을 얻고 사회의 부가가치 창출 * 자본주의의 '경쟁', 사회주의의 '계획·통제'와 대비 ■ 동참과 협동 : 한울님에게서 나온 형제 동포로서 서로 존중·협의하며 살리는相生 공동체 구현 * 정치는 '동참·협의', 경제는 '공동번영(共榮)·협동' 추구

협동민주주의(案)

　이상과 같은 시천주侍天主·인내천人乃天 가치관과 사상에 담긴 인간관과 사회관을 염두에 두고, 새로운 정치·경제 체제를 구체적으로 모색해 보자.[137]

　시천주·인내천에 기반한 정치와 경제 체제는 구성원 모두 한울님을 모신 존재로서 개개인이 공동체의 주인이 되고, 서로 존중하고 위하고 살리며, 함께 머리를 맞대고 힘을 모음으로써 모두가 한울님 같이 높고 귀한 삶을 실현하는 것을 목표로 한다. 이처럼 진정한 인본주의와 공동체 의식, 민주주의를 추구하는 정치·경제 모델로 '협동민주주의協同民主主義'를 제시하고자 한다.

　이 새로운 체제는 개인과 전체, 자유와 평등, 성령과 육신 3가지

137　새로운 정치·경제 체제는 '동참과 협동'의 정신에 온전히 부합해야 한다. 이러한 체제의 모색은 인간에게 진정한 생명과 안전, 행복을 위한 새로운 문명을 세우는 일이다. 진리에 부합하는 정치·경제 체제를 정립하기 위해서는 바르고 참되며, 열려 있고 유연하며 담대한 마음 자세와 사고가 필요하다.

방면의 조화를 추구하며, 자율과 책임, 정성과 공경, 동참과 협동을 기본 원칙으로 하여 구성된다. 이러한 기반 위에 정치는 구성원 모두의 '동참과 합의'로, 경제는 서로 힘을 합쳐 다함께 잘사는 '공영共榮과 협동協同'을 핵심 가치로 삼아 운영될 것이다.[138]

1. 정치 체제

협동민주주의 정치는 '동참과 협의'를 중심 가치로 삼는다. 따라서 구성원 개개인의 주체적·능동적인 정치 참여, 권력의 과도한 집중 반대, 권력이 아닌 정책 중심의 국정, 책임 행정, 국가 기구의 공동 구성 및 협의 운영 등을 주요 특징으로 한다.[139]

가. 5권 분립

국가 기능은 핵심 권력인 인사와 감찰을 대통령의 직접 통제에서

---

138 이하 협동민주주의는 임문호(1900-72)의 연구 내용을 주요 참고자료로 삼았다.(임문호, 〈천도교의 정치사상과 체제〉(동귀일체, 『천도교 신앙심화』, 글나무, 2022, 58-65쪽)

139 '협동민주주의'는 자유롭고 민주적인 정당 활동과 선거제도를 전제로 한다. '협동민주주의'에서 정당과 선거에 대해서는 앞으로 별도 연구가 필요하다.

분리시켜, 기존의 입법·행정·사법에 더해 5권 분립 체제로 운영한다.[140]

이는 집권 세력의 자의적인 인사·감찰권 행사를 막고, 특히 제왕적 대통령제와 의회 독재에 따른 보복 정치의 폐해를 방지하기 위한 것이다. 인사·감찰권의 분립은 국가 운영의 안정성·공정성은 물론, 공직사회가 본연의 업무에 집중하게 함으로써 전문성 제고에도 기여할 것이다. 인사와 감찰은 독립성을 보장하되, 대통령과 입법부가 공동 구성함으로써 공정하고 균형 있게 운영되도록 한다.

나. 정책대통령

대통령은 국가수반으로서 대내외에 국가를 대표하고, 서정庶政을 총괄하며, 각종 공무원에 대한 임면권을 행사한다.[141] 그러나 인사·감찰 기능을 분리·독립시킴으로써, 기본적으로 대통령은 권력이 아니라 국가 발전 방향을 제시하고 전략과 정책을 수립하는 '정책 능력'으로 국정을 이끌게 한다.

이때, 대통령 직속 보좌기관으로 정치위원회政治委員會를 두어 전

---

140 중화민국(대만)이 5권 분립제를 채택 중이나, 시천주·인내천에 기반한 가치관과 사상이 없고, 총통이 입법·행정·사법·감찰원 등에 막대한 영향력을 가지며, 행정원이 존재하는 등 협동민주주의(案)와는 많은 차이가 있다.

141 대통령은 임기직이며, 국민의 직접·비밀투표에 의해 선출한다.

략 및 정책 수립 과정에서 이견을 조율하고 정치적 지지를 확보할 수 있게 해준다. 이는 주요 국정 과제와 현안에 대한 여론과 불만을 파악하고 수렴하며, 정책 제언과 자문을 얻고 조정하기 위한 것으로, 정치가 국정 운영의 실질적인 동력인 현실을 반영하여 원활한 국정 수행을 뒷받침하기 위한 것이다.

정치위원회의 관할 사항에는 정치·경제·사회·종교 문화 등 공동체 제반 분야를 포함함으로써 기존 정치 체제의 국가 기능상 결함과 한계를 보완토록 한다.[142] 정치위원은 대통령이 입법기관(제1원, 제2원)을 비롯, 각계 추천을 받은 원로와 전문가 중에서 선발하되 위원회의 규모는 원활하고 효과적인 운영을 위해 너무 크지 않게 한다.

대통령이 입안한 예산안·법률안, 기타 국가 정책은 국회 동의를 얻어 성립되며, 대통령은 국회 표결이 부당하다고 여길 경우 국민 표결에 부쳐 결정지을 수 있다.[143] 이 역시 국정을 실질적인 정책 중심으로 이끌 수 있게 하기 위함이다.[144]

---

142 이는 자유민주주의·자본주의 체제의 지나치게 제한되고 분리된 국가 기능상 결함과 한계, 사회주의·통제경제 체제의 국민 여론 수렴 및 협의정치 부재 문제에 대한 보완을 각각 염두에 둔 것이다.

143 국회 표결에 대해 1차에 한해 재의再議를 구하고, 국회의 재의再議 결과가 부당하다고 여겨질 경우 국민표결에 부친다.

144 대통령이 국회를 불신임할 경우 국민 표결로 해산 여부를 결정할 수 있다.

다. 입법 양원제

입법부는 제1, 제2의 양원제兩院制로 구성한다. 제1원은 전통적인 지역을 기준으로 하되, 주민들의 자발적 조직으로 뒤에서 설명할 협동조합기업을 비롯, 다양한 경제·직업 활동 조직의 대표자들을 구성원으로 삼는다.[145] 이는 제1원이 국가 경제와 국민 생활 중심의 실질적인 여론 수렴과 토론, 법률 제·개정을 수행할 수 있게 해 줄 것이다.[146] 제1원은 국가 예산안 구성권(1차 의결권)을 갖는다.

제2원은 갈수록 복잡다단해지고 분야별·기능별로 전문화되는 현대 사회의 흐름에 맞춰, 안보, 교육, 언론, 학술, 예술, 법조, 의약 등 각 분야별 대표자들로 구성한다. 제2원은 법률·외교 사안에 대한 우월권을 가지며, 국가 예산안의 최종 의결권을 갖는다.

입법부는 대통령이 입안한 예산안, 법률안(대통령안, 국회안)과 기타 국가 운영안을 심의·결정하며, 행정부에 대한 감시 기능을

---

145 제1원을 지역을 기준으로 하되, 주민의 자율 조직인 협동조합을 비롯, 주식회 사(대기업·중소기업)·1인 기업·가족기업 등 다양한 경제·직업 활동 조직 의 의사를 수렴하는 창구로 활용하는 방안을 검토해 볼 수 있다. 물론, 여기에 참여하는 협동조합 대표들은 민주적 절차에 의해 선출하며, 주식회사도 우리 사주제 등으로 민주성을 강화할 필요가 있다.

146 인간의 육신을 보호·관리하는데 필수인 '경제·직업'과 '국민 생활'을 중심으 로 하면서, '지역 대표성'을 연계시킴으로서 보다 실질적인 민주주의 구현이 가능해질 수 있다. 공동체의 주인인 국민의 실질적인 요구와 지지가 보다 체 계적으로 반영될 수 있을 것이다.

수행한다. 입법부 의원은 행정관, 사법관, 인사위원, 감찰위원, 정치위원 등의 타직他職을 겸임하지 못한다. 또한 입법부는 국가 중요정책 결정에 관해 대통령과 의견이 합치되지 않을 경우 각각 또는 공동으로 국민 투표에 부쳐 가부를 결정할 수 있다. 한편, 대통령을 불신임할 경우에는 법에 따라 국민 표결에 부치되, 입법부에서 국민 표결에 대한 가부를 결정할 수 있게 한다.

라. 책임장관제

행정부는 각 부처 장관의 소관 분야에 대한 단독 책임으로 운영한다.[147] 장관은 인사원人事院의 전형 선발로 대통령이 임명하되, 정치 중립을 준수해야 하며, 그 진퇴進退는 오직 법률에 의해서만 할 수 있게 한다.

이는 장관이 소신을 갖고 맡은 분야 정책을 충실히 집행토록 보장하는 동시에, 갈수록 복잡해지고 급변하는 정책 환경 속에서 대통령 1인의 결정에 의존하기 보다는, 분야별로 보다 전문적인 판단에 따라 유연·면밀하게 국정을 운영할 수 있게 하기 위함이다.

각 부처 장관은 대통령과 정치위원회, 입법부의 자문에 응하고 필요한 자료를 제공하며 의견을 진술할 수 있다. 또한, 장관은 입법

---

147 각 부 장관은 임기직으로 하되, 연임할 수 있다.

부의 의원, 정치위원, 사법관, 인사위원, 감찰위원 등의 타직을 겸임할 수 없다.

마. 인사·감찰 기능 독립

인사원人事院은 대통령과 입법기관(제1원, 제2원)이 각각 3분의 1씩 위원을 선출함으로써 구성한다. 인사원은 각급 선거, 공무원의 고시와 전형·선발을 관장한다. 인사위원은 행정관, 사법관, 입법기관 의원, 정치위원, 감찰위원 등의 타직을 겸임할 수 없다.

감찰원監察院 역시 대통령과 입법기관(제1원, 제2원)이 각각 3분의 1씩 위원을 선출하여 구성한다. 감찰원은 국가 기관의 사무와 공무원의 기강 전반을 감찰한다. 감찰원의 감찰 대상에는 입법부·사법부·행정부 및 인사원 등 국가 모든 공무원을 포함시켜 실질적 감찰권을 행사할 수 있게 한다.[148] 감찰위원은 행정관, 사법관, 입법기관 의원, 정치위원, 인사위원 등 타직을 겸하지 못한다.[149]

---

148 감찰원 소속 공무원에 대한 감찰은 별도 방안을 마련한다.

149 한편, 사법부의 경우 사법관 자격은 인사원의 고시考試에 의하고, 그 임면은 법에 의하여 대통령이 집행한다. 사법부에 의한 재판은 삼심제로 한다. 사법관은 행정관, 입법기관의 의원, 인사위원, 감찰위원, 정치위원 등의 타직을 겸임하지 못한다.

바. 기대 효과

이상에 따라 정부 체제를 구성·운영할 경우 기존 대통령제·의원내각제에 비해 여러 장점을 기대할 수 있을 것이다.

우선, 대통령은 행정권과 인사권이 없으므로 권력 남용의 여지가 없다. 그러면서도 국가 전략 및 정책 입안 권한을 실질적으로 행사할 수 있고, 정부 주요 기구 구성권을 가지며, 정치위원회를 보좌기구로 두고 국가 운영 전반에 걸쳐 의견을 수렴하고 정책 조율을 할 수 있어 의례적인 존재도 아니다.

또한, 입법부는 무엇보다 국민을 '지역 + 경제 + 분야'에 따라 실질적으로 대표할 수 있게 되어 민의를 보다 충실하고 체계적으로 수렴·반영할 수 있다. 이로 인해 국정 운영에 대한 실질적이고 충실한 의제 설정과 논의가 가능해질 것이다. 또한, 입법부가 내각책임제에서처럼 여야 대립으로 정쟁이 심화되거나, 대통령 책임제에서와 같이 행정부로부터 지나친 압력을 받는 폐단 없이 오직 입법에만 충실할 수 있을 것이다.

행정부도 대통령제나 내각제와 달리 정치권에서 벗어나 있을 뿐 아니라, 각 부처 장관의 신분과 권한이 보장되어 국정의 안정성과 전문성이 높아질 것이다.

특히, 인사가 독립적으로 실시될 뿐 아니라, 인사원의 구성에 대통령과 입법 양원이 같이 참여하고 운영을 상호 감시함으로써 공정을 기할 수 있다.

감찰도 전체적으로 상호 감시에 의해 공정을 기할 수 있을 뿐 아니라, 국가 기관 전반에 대해 감찰을 할 수 있고 무엇보다 독립성을 보장받아 실질적인 권한과 권위가 있으므로, 국가 차원의 기강을 확립할 수 있다.

무엇보다 새로운 정치 체제는 전체적으로 국가 운영의 중심을 권력에서 정책으로 옮김으로써 정쟁의 소지를 크게 줄여 줄 것이다. 또한 국민이 입법기관 활동에 체계적·실질적으로 참여할 수 있게 되어 민의를 보다 충실히 반영할 수 있다. 그리고 국가 기구 구성 및 운영에 유기적인 협력과 견제가 가능하다.

뿐만 아니라, 정부 각 분야별로 책임행정을 보장하며, 부패와 기강 이완에 엄정 대응할 수 있게 되어 국민의 안전과 행복 실현이라는 본연의 역할에 더욱 집중할 수 있다.

〈 협동민주주의 정치체제 〉

구 분	내 용
5권 분립	■ 입법 · 행정 · 사법에 더해 인사 · 감찰 기능 독립
정책대통령	■ 대통령은 전략 · 정책 능력으로 국정 주도 ＊ 대통령 산하 정치위원회 설치, 정책 조언 · 조율 보장
입법 양원제	■ 제1원(하원)은 협동조합 등 경제 · 직업 조직의 지역 대표들로, 제2원(상원)은 사회 각 분야 대표로 구성
책임 장관제	■ 각 부처 장관이 소관 분야 정책 집행에 단독 책임 ＊ 장관은 정치 중립 준수, 오직 법률에 의해서만 진퇴
인사 · 감찰 기능 독립	■ 인사원과 감찰원, 대통령 · 입법부가 분담 구성 ＊ 행정 · 사법 · 입법 및 정치 위원 겸직 불가 ■ 인사원은 선거, 공무원 고시 · 전형 · 선발 관장 ■ 감찰원은 국가 모든 공무원 대상 감찰
기대 효과	■ 대통령 : 권력 남용 없이 국가 전략 · 정책에 집중 ＊ 전략 · 정책 실질 입안, 정치회 운영 등 권위 보유 ■ 입법부 : 民意 실질적 대변과 충실한 국정 논의 ■ 행정부 : 안정성과 전문성 향상 ■ 인사 공정성 제고, 국가 기강 확립 가능 ⇒ 정책 중심의 책임행정, 민의의 실질 반영, 정부 운영 유기적 협력 · 견제로 국민 편익 증진

2. 경제 체제

시천주·인내천에 기반한 경제는 사회 구성원 모두 자율과 책임을 다하는 동시에, 모두 한울님에게서 나온 형제 동포로서, 공동 번영共榮과 협동協同을 중심가치로 삼아 다함께 잘사는 사회를 추구한다. 이를 위해 사유私有 재산제 채택, 자율적인 협동조합기업의 도입, 공동경영의 접목, 공정한 분배 등을 중요 요소로 삼을 것이다.

가. 사유재산제

새로운 경제에서는 구성원 개개인이 한울님을 모신 주체로서 자신의 삶을 스스로 책임져야 하는 만큼, 각종 재화와 물품를 소유하고 활용할 수 있는 권한 즉, 재산의 개인 소유私有를 인정한다. 그러나 소수의 개인이 공동체 화합과 안정을 해칠 정도로 과도하게 재산을 축적하는 것은 바람직하지 않으며 공동 번영共榮의 원칙에도 부합하지 않는다.[150] 따라서, 개인 재산의 소유와 활용을 보장하되,

---

150 2023.12.15. 기준 세계 1위 부자는 美 테슬라社 일론 머스크로, 재산이 2,549억 달러(331조 원)에 이른다. 반면, 먹을 것을 제대로 구하지 못해 굶어 죽는 사람이 많다. 2020년 현재 영양실조 인구가 7억 6800만 명, 비율로는 18%에 이른다. 한편, 록크도 일부 사람의 경제적 권리가 다른 사람에 의해 부정될 정도로 사람들의 경제적 권리가 행사되도록 허용해서는 안 된다고 주장했다. 어떠한 개인도 다른 사람들이 생활필수품을 축적하지 못하게 할 정

공동체 차원의 적정한 제도적 조정은 필요하다.[151]

또한 경제활동은 육신관념에서 벗어나 한울님 뜻과 본성에 어긋나지 않는 '자율自律', 공동체 안에서 각자 재능과 자질에 따라 주어진 역할을 다하는 '책임'의 원칙을 각각 따른다. 구성원은 자기 혼자만의 이익 추구가 아니라 구성원 간 협동을 추구하며, 공동체는 이를 권장하고 활성화하기 위한 제도적 기회와 장치를 갖춘다.

그리고 재화의 생산과 유통 과정에 후술할 협동조합기업 등의 자율적 계획에 따른 동참을 유도하여 경제적 낭비와 비효율, 경기 불안정성에 대응할 것이다. 분배는 경제 능력과 개인적 기여 등을 종합 고려하여 공정하게 실시하는 것을 기본 원칙으로 삼는다.

나. 협동조합기업

시천주侍天主 · 인내천人乃天 경제는 구성원 각자가 자기 삶의 주체가 되면서 동시에 서로를 위하고 살리는 자율과 책임, 공동 번영과 협동의 원칙에 기반한다. 여기에 잘 부합하는 경제조직 모델이 현

도로 많이 자신의 재산을 축적해서는 안 된다는 것이다.(존 록크, 이극찬 옮김, 『시민정부론』, 연세대학교 대학출판문화원, 1970, 55–61쪽)

151 특히 토지는 인간에게 있어 어머니 같은 존재로, 삶의 근본 터전이 되는 만큼, 무분별한 축적과 투기의 대상으로 두어서는 안 되며, 더 높은 수준의 관리 · 조정이 있어야 할 것이다.

재로선 협동조합기업으로 평가된다. 협동조합기업은 공동 소유 기업으로, '구성원 모두가 자본주이면서 동시에 직원으로서 참여하는 기업'이다.[152] 현재 우리나라는 물론 세계 여러 나라에서도 협동조합기업(이하 '협동조합')이 경쟁력을 갖추면서 공정 분배에도 기여할 수 있는 경제조직 모델의 하나로 도입되고 있다.[153]

그러나 이것을 유일한 경제조직으로 삼아 사회주의에서와 같이 인위적·획일적으로, 특히 폭력과 강압에 의해 확산시키려 해서는 결코 안 된다.[154] 협동조합을 중요한 기업 지배구조 방식의 하나로 고려하되, 공동체 구성원들의 이해와 공감에 기반하여 아래로부터 '자율적'이고 '자연自然(한울님 속성의 하나)'스럽게 도입·확대해 나가는 것이 바람직하다.[155]

---

152 북한을 비롯한 사회주의 국가에서도 '협동조합'의 이름으로 공동 소유·생산·분배를 시도했으나, 이는 공산당 독재와 국가 주도의 획일적 통제경제 체제에서 하위조직으로 이용된 것에 불과하였다.

153 스페인 몬드라곤에서는 1956년 1개의 생산자협동조합으로 시작, 2010년 현재 자산 53조 원, 연매출 22조 원, 근로자 8만 4,000명, 해외 80여 개 공장을 갖춘 조합 집단으로 자리잡았다.(김성오, 『몬드라곤의 기적』, 역사비평사, 2012, 16쪽)

154 봄에 이룬 것이 여름으로 이어지고, 여름에 이룬 것이 다시 가을로 이어지듯, 과거의 좋은 것은 수용하여 보완·발전시켜 나가는 것이 한울님 속성에 부합하는 행동 방식이다. 과거에 대한 부정이나 인위적 단절은 한울님 속성에 어긋나며 생명을 상하게 하는 것으로 바람직하지 않으며 경계해야 한다.

155 협동조합기업을 비롯, 소수 자본가 소유의 주식회사, 1인 기업, 가족 기업 등 경제 부문과 업종에 따라 적합한 기업 형태가 다를 수 있는 만큼, 이에 대한

이러한 협동조합의 구성 및 운영 방식, 개인 및 공동체 차원의 기대효과 등을 구체적으로 살펴보기로 하자.[156]

먼저 구성원들은 각자 자본을 출자하여 협동조합을 구성하며, 조합의 재산을 공유한다.[157] 구성원은 경영전략 수립과 의사 결정에 적극 참여하며, 선출된 임원은 구성원에게 책임을 지며 기업 운영에 관한 중요 역할을 수행한다. 그리고 구성원은 동등한 투표권을 가진다(1인 1표).

협동조합 역시 품질 좋은 결과물을 생산·판매해서 잉여금을 창출해야 한다. 따라서 직원들의 전문성과 기여도에 따라 보수를 달리하고[158] 품질·경영 관리, 연구개발 등 경쟁력 확보를 위해 면밀

면밀한 연구와 정책이 필요할 것이다.

156 협동조합의 유형은 각각 사업자·소비자·직원 및 혼합형 협동조합으로 나눌 수 있으며, 적용 가능한 분야는 제조업·농업·유통·금융·문화·생활서비스·대학 및 연구소 등 다양하다.

157 조합원들의 출자금액은 각자 자금 사정이 다른 만큼 동일할 필요는 없으며, 다만 일정배수 이상 차이가 나지 않게 한다. 자본금 마련이 어려운 사람에게 저금리 또는 무이자의 장기대출을 지원하는 것이 국가의 역할이 될 것이다.

158 구성원의 금전적 몫은 ① 급여 ② 조합 배당금 ③ 출자금 이자 ④ 퇴직연금 4가지이다. ②·③번으로 인해 일반 주식회사보다 더 많은 소득을 얻게 된다. (김성오, 앞의 책 139-140쪽) ; 사회주의에서와 같은 획일적 분배는 바람직하지 않으며, 공동체 차원의 수용이 가능한 범위 내에서 능력과 전문성에 따라 달리하도록 한다. 참고로, 스페인 몬드라곤 협동조합은 경력·전문성·보직 등에 따라 직원들의 임금에 차등을 두되, 최대 4.5배를 넘지 않게 하고 있다.(김성호 옮김, 『몬드라곤에서 배우자』, 역사비평사, 2012, 79-80쪽 참고)

한 운영에 집중해야 한다. 공동체 구성원은 자신의 적성과 특기, 거주지 등을 고려하여 협동조합에 가입하고, 특히 자본주資本主의 한 명으로 당당히 참여함으로써 기본적으로 높은 자발성·만족도를 갖고 경제 활동에 집중할 수 있다.[159]

공동 소유와 개인적 동기 부여의 장점을 결합한 협동조합은 구성원들이 공동 소유하고 경영하며, 일과 위험과 이윤을 서로 나눈다.[160] 이러한 협동조합은 구성원 개개인이 마음공부를 통해 자기 안의 성령, 한울님과 원활히 통하고 가까워질수록 더 많은 성과, 더 높은 이익을 창출할 수 있을 것이다.[161]

그런 면에서 협동조합은 제대로 운영될 경우 육신의 보호와 복지에 필요한 경제력을 확보하고 공정한 분배를 실현하는 경제조직이자, 정情과 사랑을 나누고 자아실현과 인격 완성까지 도모할 수 있

---

159 돈이 아닌 '사람'이 중심이 되므로 자본주의와도 다르며, '자율적' 경제 활동과 계획에 따르므로 거대 국가 권력이 생산·분배를 인위적·강압적으로 통제하는 사회주의 경제와도 다르다.

160 협동조합은 구성원이 자본주의 한 사람으로 참여하는 점에서 노동자의 계급의식에 기반한 노동조합과 다르다. 노동조합주의자들이 협동조합을 받아들이기 위해서는 19세기 서구 사상의 하나인 투쟁적·대립적 마르크시즘에서 먼저 벗어나야 한다.

161 소수의 자본가가 소유하고 이윤을 독점하는 주식회사의 경우 기반해 있는 가치관과 사상으로 인해 결코 쉽지만은 않겠지만, 경영 과정에 사인여천事人如天을 실천하고 직원 대상 우리 사주제를 실질적으로 도입하는 등 개선할 경우 한울님과 인간의 본성에 보다 부합하게 운영될 수 있을 것이다.

는 삶의 터전이 될 수 있다.[162]

이러한 협동조합은 구성원 각자가 한울님을 모시고 자유와 평등을 한 몸에 갖춘 존재로서 자율적으로 활동하며, 모두 같은 한울님에게서 나온 천포형제이자 하나로 연결된 동귀일체의 존재로서 서로 힘을 합치며 위하고 살린다는 점에서, 시천주·인내천에 잘 부합한다.[163]

협동조합은 공동체의 기초 단위인 리里·동洞 단위 협동조합에서 시작, 기초 및 광역 지자체의 연합회를 거쳐 전국 중앙회 차원의 조직도 갖출 수 있다. 나아가 이러한 협동조합은 그 자율적·민주적인 조직 및 운영으로 협동민주주의에서 민의를 수렴·전달하는 중요한 정치 기반 조직의 하나로서도 역할을 할 수 있다.

또한 이들 협동조합은 국내외 경제 상황에 맞춰 긴밀한 상호 협의, 정부가 제공하는 경제정보 등을 토대로 생산량의 계획·조절에

---

162 스페인 몬드라곤 소속 조합원 대상 설문조사(2005.1 실시)에서 '더 많은 보수를 준다고 해도 떠나지 않을 것', '이곳에서 나의 제안은 언제나 환영받는다', '공동체적 가치 때문에 일한다' 항목에 모두 100% 찬성 답변이 나왔다. 몬드라곤 협동조합은 조합원과 非조합원 간 '동일노동 동일임금' 원칙이 적용, 급여차별이 없다.(김성오, 『몬드라곤의 기적』, 역사비평사, 2012, 59-62쪽, 183쪽 각각 참고)

163 협동조합은 기업 지배구조의 여러 형태 중 하나이며 그 자체도 계속 진화 중이다. 앞으로 기업 지배구조는 결국 한울님의 속성에 부합하고 많은 사람이 선호하는 형태가 주목받고 확산될 것이다. 현재로서는 협동조합기업이 시천주 인간관의 '자율과 책임', '공동 번영과 협동'에 가장 잘 부합하는 방식으로 여겨진다.

자율적으로 참여할 수 있으며, 이를 통해 공동체 차원의 자원·인력 낭비와 비효율을 줄이고 경제 변동성에 대응하는 데도 기여할 수 있을 것이다.[164]

협동조합은 기본적으로 민간 수요 분야에 도입하는 것을 원칙으로 하되, 국가 수요와 군수軍需 분야의 경우 자산 소유는 달리하면서 협동조합이 생산과 운영을 위탁 수행할 수 있다. 한편 국민 알권리, 개인의 창의적인 지식 개발과 전파 등에 관계된 신문·잡지 및 도서 등의 출판업, 그리고 가내수공업은 특성상 협동조합 적용 대상에서 제외하는 것이 좋을 것이다.

다. 공동 경영 접목

협동민주주의 경제 모델에서 재화와 물품의 생산은 우선 농·축업의 경우 각 세대 단독으로 하는 것이 좋을 것이다. 경작지와 가축 등 자산은 해당 세대가 소유私有하는 것이다. 다만, 생산된 농·축산물의 구매와 판매는 협동으로 하면 좋을 것이다.

---

164 협동조합에 대해 노동조합을 주체로 하여 산업을 관리하려고 한 생디칼리즘 syndicalism과 유사하다는 오해를 제기할 수 있다. 그러나 서구 근대사상에 기반한 노동조합과 가치관이 전혀 다를 뿐 아니라, 생디칼리즘처럼 의회주의, 정당·선거 등을 부정하지 않고, 무엇보다 동맹파업·사보타주·보이콧·무장봉기 등을 인정하지 않는다는 점에서 같은 범주에 놓고 이야기할 수 없다.

또한, 광공업은 공공재적 성격과 필요한 기업 규모 등을 감안, 협동조합도 참여할 수 있게 하되, 구체적인 업종과 규모를 고려하여 리理·동洞, 기초 및 광역 지자체와 중앙 수준의 협동조합에서 각각 운영토록 할 수 있을 것이다.

협동조합은 유통과 교역에도 참여할 수 있다. 생산된 물품의 공급과 유통은 리·동 협동조합이 직접 경영하는 판매소 등에서 자유매매로 하면 될 것이다. 국제교역은 각 협동조합의 중앙회에서 전담케 하여 책임성을 높이는 것이 좋겠다.

라. 법·제도적 조치

협동조합을 경제의 중요한 기반 조직의 하나로 도입하기 위해서는 경제·산업 관련법 제·개정과 분야·지역별 협동조합 설립 등의 사전 준비가 필요하다.[165] 이는 국민들의 먹고사는 문제이자 국가 경제 모델을 새롭게 하는 사안에 관련된 만큼, 충분한 사회적 논의와 체계적 준비를 통해 면밀 추진되어야 할 것이다.

앞에서도 얘기했듯이 협동조합 모델을 유일한 방식으로 여겨 인위적·획일적으로 접근해서는 안되며, 기업 지배구조 방식의 하나

---

165 협동민주주의 체제에서 국가의 역할은 법·제도 운영, 국내외 경제 정보 제공, 경제 질서 위반·교란 행위 단속 및 처벌, 협동기업 대상 재정·세제 지원, 국제교역 지원 등이 될 것이다.

로서 공동체 구성원들의 이해와 동의에 기반하여 자율적이면서 자연스럽게 도입·정착시켜 나가야 할 것이다.

정부에서 협동조합의 도입 및 확대를 정책적으로 지원하되, 일부 지역, 특정 품목 및 기업 등에 대해 먼저 시범 실시하면서 제도적으로 보완해 나가는 방법이 좋겠다.[166] 이때 협동조합 시행의 대상이 되는 공·사 기업체가 있을 경우, 정부에서 유상 매입한 후 각 조합들에게 유상 불하하는 것을 기본 원칙으로 삼도록 한다. 다만 이때 정부와 개별조합 모두 일시에 매입 대금을 확보하는 것이 부담이 될 수 있는 만큼, 장기 분할 납부토록 하는 등 재정적인 뒷받침을 해주는 것도 필요하겠다.

마. 기대 효과

이렇게 협동조합이 경제 기반 조직의 하나로 도입될 경우, 먼저 노사의 대립, 생산자와 소비자의 갈등, 도시와 농촌의 차등과 이해 상충을 해소하는 데 기여할 수 있다. 무엇보다 조합원들 간 이윤의 공정한 분배로 공동체 내 빈부 간 격차와 대립을 해소하고 평등성 平等性을 높이는 역할을 할 것이다.

---

166 예를 들어, 규모가 작거나 생활 주변의 품목 및 분야에서부터 규모가 크고 높은 기술을 요하는 분야로 점차 확대해 나가는 방안을 검토해 볼 수 있다.

공동체 전체적으로도 생산의 적지 않은 부분이 협동조합에 의해 자율적으로 계획화되어 경제 안정성이 제고되며, 물자와 노동력, 학력과 지력知力을 효과적으로 활용하게 함으로써 생산력도 증대시킬 것이다. 협동조합은 기본적으로 조합 간 협업 친화적인 조직인 만큼 과학기술이 발달하고 산업이 첨단화·자동화될수록 사회 내 협업 수준을 높임으로써 국부國富 증가에 기여할 것이다.

특히 조합원들의 일자리를 안정시켜 실업 해소에도 역할을 하며, 조합원들이 자기 일을 하게 되는 만큼 생산 의욕과 창의성도 높여 줄 것이다.[167] 나아가, 협동조합들 간 유대와 전국 조직을 통해 지역·부문 간 장벽을 해소하고 재화와 물품의 원활한 유통에도 긍정적 영향을 끼쳐 물가 균형과 안정에 도움을 줄 것이다.

무엇보다 경제활동을 개인주의적인 자유와 경쟁이나, 강권적 계획과 통제가 아니라 구성원의 자율적 활동을 중심으로 수행할 수 있게 함으로써 사회적으로 불안과 불평, 불화를 해소하고 국민의 삶을 한층 더 안정되고 평화롭게 하는 효과를 가져다줄 것이다.

---

167 4차 산업 혁명 시대에는 '모든 것이 연결되고 지능적인 사회'가 되면서 협업의 중요성이 증가하는 한편, 비숙련 근로자 중심으로 고용불안이 높아질 수 있다. 협동조합은 협업 친화적인데다 단기 이윤보다 조합원들의 장기 이익을 목표로 하므로, 이런 상황에 더욱 잘 대응하며 고용 안정에 기여할 수 있다.

〈 협동민주주의 경제체제 〉

구 분	내 용
사유재산제	■ 시천주人으로서 재산의 주체적 소유·활용 인정 ■ '자율과 책임' 원칙에 기반한 경제활동 보장
협동조합 기업	■ 자율조직, 공동 소유, 민주적인 운영 ＊구성원 = 자본주, 의사 결정 시 1인 1표 참여, 구성원 몫 : 급여(숙련 정도 등에 따라 차등) + 배당금 + 출자금 이 자 + 연금 ■ 조직 : 리동 → 시군구 → 市道 → 전국중앙회 ＊시군구 대표들은 입법부(제1원) 참여 가능
공동경영	■ 농축업 : 세대별 생산私有, 공동 구매·판매 ■ 광공업 : 업종·규모별로 협동조합의 리동, 시군구, 시도, 중앙에서 각각 참여 ■ 생산된 물품의 공급·유통은 리·동 협동조합이 운영 하는 판매소에서 자유매매 ■ 물품 국제교역은 참여 조합의 중앙회에서 담당
법·제도적 조치	■ 산업·경제법 제·개정 / 분야·지역별 조합 조직 ■ 기업체 인수시 정부 유상매입 후 유상불하(할부)
기대 효과	■ 노사 / 생산·소비자 / 都農 간 대립·갈등 해소에 기여 ■ 이윤 공정분배로 빈부 격차 해소, 평등 실현 효과 ■ 조합차원 자율적 계획 생산, 경제 불안 해소 기여 ■ 공동체 내 협업과 역량활용도를 제고, 국부증가, 실 업 해소 → 사회 불평·불안 해소에 역할

맺는 말

지금까지 가치 있고 행복한 삶을 찾기 위한 긴 여정을 걸어 왔다. 이 과정에서 나는 어떤 존재이며, 어디서 와서 어떤 환경에서 어떻게 살고 있는지를 살펴보았다. 그리고 내 생명이 시작된 성령, 한울님으로 돌아가는 방법도 알아보았다. 나아가 공동체 차원에서 모두가 행복할 수 있는 방안도 진지하게 고민하였으며, 바람직한 정치·경제 체제 모델까지 검토해 보았다.

구체적으로, 나는 무형한 성령, 한울님으로부터 나왔으며, 안으로는 한울님을 모시고, 밖으로는 한울님의 품속에서 살아가고 있음을 깨닫게 되었다. 그리고 내 안의 성령, 한울님과 원활하게 통할 때 행복을 찾을 수 있음도 알았다. 그러나 혼자서는 행복을 안정적·지속적으로 유지하는 것은 물론, 자아실현과 인격 완성을 제대로 이뤄내기 어렵다는 것을 알게 되었다. 이를 위해서는 바람직한 사회와 세상이 필요하기 때문이다. 이에 따라 한울님 뜻과 본성에 맞는 정치·경제 체제를 마련하고 운영해야 한다는 결론에 이르게 되었다. 그리고 이러한 체제를 도출하기 위해 현시대를 대표하는 자유민주주의·자본주의, 사회주의·통제경제의 가치관과 사상을 살펴보고 오류와 한계도 짚어 보았다.

이상의 과정을 거쳐 바람직한 정치·경제 체제 모델로서 시천주·인내천에 기반한 협동민주주의協同民主主義 모델을 새롭게 제시하였다. 이 새로운 협동민주주의는 현대 정치·경제 체제가 가진 오류와 한계를 극복함으로써, 세상 사람 모두에게 가치 있고 행복한 삶을 열어 주는데 기여할 것이라 기대해 본다.

우리 사회와 남북 분단의 현실

최근 우리 사회의 갈등과 혼란이 심각한 수준에 이르고 있다. 정치 불안, 빈부 격차, 지역·계층 간 대립과 갈등이 갈수록 심해지는 가운데, 이른바 좌左와 우右 모두 뚜렷한 대안을 제시하지 못한 채 극한 대립으로 치닫고 있다. 나라의 정치·경제를 근본적으로 안정시키고 새롭게 발전시키기 위한 방안이 그 어느 때보다 절실하다.

이런 가운데, 세계적으로도 미국 주도의 자유민주주의·자본주의와 중국 중심의 변형된 사회주의·통제경제가 현실 국제정치 무대에서 주도권 확보를 위해 서로 여과 없이 부딪히며 대립과 갈등을 더해가고 있다.

우리는 남북이 분단된 지 80년이 되도록 여전히 서로 다른 사상과 체제를 고수하며 대립과 갈등을 지속하고 있다. 북한은 일찍이 소련의 영향으로 사회주의·통제경제를 채택했으나, 정치·경제 운영에 실패하여 주민들의 기본적인 생계와 인권조차 보장해 주지 못하고 있다. 뿐만 아니라, 남한 및 주변 지역을 상대로 계속적인 위협을 가하며 안보 불안까지 조성하고 있다.[168]

남한은 미국의 영향으로 자유민주주의·자본주의를 받아들인 후 정치·사회적으로 자유와 인권을 신장하고, 문화를 발전시키며, 특히 수출 주도 경제 등을 통해 나름대로 물질적인 여력도 확보하였다. 그러나 빈부 격차와 경제 불안 요인이 가중되는 상황에서, 국가 경쟁력 제고와 국민의 행복 증진에 한계를 보이고 있다.[169] 무엇보다 좌우 진영 간 대립이 격화되면서 이런 상황에 일치된 대응은 고사하고, 좀처럼 공동체의 화합과 안정을 이뤄내지 못하고 있다.[170]

---

168 북한은 경제 실패에도 불구, 우리와 진지한 대화에 좀처럼 나서지 않고 있는데, 여기에는 우리가 채택 중인 자본주의의 빈부 격차 등 문제점, 사회주의 취지('평등')에 대한 우월 인식 등도 작용할 것이다.

169 1989년 한국갤럽 여론조사(20-60대)에서 75%가 '당신은 중산층입니까?'라는 질문에 "그렇다"고 답했다. 그런데, 2022년 2월 〈한국경제신문〉이 실시한 설문조사(30~59세)에서는 해당 대답을 선택한 이가 53.7%에 불과했다. 이는 2020년(55.5%)보다도 3.7% 포인트 줄어든 수치다. 45.6%는 하위층이라고 답했다. 특히 30대는 55.6%가 자신을 하위층이라고 생각했다.(조귀동, 『이탈리아로 가는 길』, 생각의 힘, 2023, 269쪽)

170 지역 갈등이 여전한 가운데, 빈부 격차, 세대·성별 갈등이 높아지고 있어 공동체 화합이 심각히 훼손되고 있다. 여기에 좌-우 '진영' 간 가치관과 사상 차이에 따른 대립이 갈수록 심화, 소통과 화해가 어려운 수위에 이르고 있다.

현재 남한은 남한대로 어려움에 처해 있고, 북한은 북한대로 일 찍감치 한계에 봉착해 있다. 이로 인해 구성원들이 가치 있고 행복 한 삶에 쉽게 다가서지 못하고 오히려 멀어지고 있다. 공동체는 물 론 민족 전체 차원에서 중대한 위기에 직면해 있는 것이다.

나부터, 우리부터 행복한 세상을 만들어야

이러한 현실은 올바른 가치관과 사상을 토대로 한 새로운 제도와 규칙, 바람직한 정치·경제 체제를 마련하는 데서 해결해 나갈 수 있다. 이를 위해서는 현재의 생각틀 자체를 바꿔야 한다. 우리 국가 와 사회가 겪고 있는 갈등·대립, 향후 남북통일 실현 등을 생각할 때 기존의 정치·경제 체제를 단순히 개선·보완하는 정도로는 돌 파구를 열기 어렵다. 남한은 그간 이룬 성과에 안주하거나 현재의 틀 안에서만 해답을 찾으려 해서는 안되며, 북한도 '평등'이라는 목 표만 내세우지 말고, 현재 딛고 서 있는 가치관과 사상에 문제가 없 는지 진지하고 솔직하게 되돌아봐야 할 때이다.

특히 남한은 '자유自由'라는 좋은 가치를 가진 장점을 살려 그동 안 다진 토대 위에 새로운 도약에 나서야 한다. 마음을 열고 용기 를 내어 자기 주도적으로 넓고 크고 새로운 세계로 나아가야 한다. 의견과 표현의 자유, 토론의 자유 등을 질적으로 심화시켜 한울님 본성을 스스로 지키는 자율, 업인業因과 장애로부터 벗어난 인간 존재의 온전한 자유로 나아가야 한다. 동시에 사회적·물질적 평등을 넘어 인격을 신격神格으로 승화시킨 진정한 평등을 실현하기 위해 진력해야 한다. 현재의 생각틀, 가치관과 사상으로는 내부의 진영 간 대립 해소는 물론 장차 남북을 하나로 모으기 어렵다. 당장의 공동체 통합과 민족의 숙원인 통일 모두 기대하기 어려운 것이다. 마음과 생각을 넓고 깊게 갖고, 현실을 근본적으로 진단하며 새로운 해법을 찾아 나서는 지혜와 용기가 필요한 때이다.

그런 의미에서 시천주·인내천에 기반하여 개인과 전체, 자유와 평등, 성령과 육신의 조화를 이룰 수 있는 새로운 정치·경제 체제는 중요한 해법이 될 수 있다. 이러한 새로운 체제의 모색은 '자유自由'라는 소중한 가치를 가진 남한에서 먼저 시작할 수 있고, 또 시작해야만 한다. 근대적 '자유freedom'는 그 속성상 진정한 인간 구원의 가치관과 사상을 내면화하고 사회 제도와 규칙을 구체화하는 기본 여건이 되어 줄 수 있기 때문이다.

정치에서는 구성원 각자의 주체적 동참과 합의를, 경제에서는 공동 번영과 협동을 핵심 가치로 삼아 다함께 행복한 사회를 추구해 나가야 한다. 무엇보다 협동민주주의의 가치와 원칙을 현실에서 구체화하고 실행함으로써 우리 사회부터 안정시켜야 한다. 한반도 평화도 우리 내부의 문제부터 온전히 해결하거나, 최소한 해결해 나가는 모습을 보여 주면서 도모해야 할 것이다. 그런 면에서 대북정책의 초점도 당분간은 북한이 아니라 우리 내부에 두는 것이 옳다. 우리 사회부터, 우리 정치·경제부터 바로 세울 때, 그리하여 북한을 우리 쪽으로 끌어당길 수 있을 정도가 될 때 비로소 남북 통일의 여정을 본격 시작할 수 있을 것이다.

새로운 정치·경제 체제를 현실로 만들기 위해서는 우선 개인 각자가 자기 안에 한울님이, 영원한 행복의 길이 있음을 알고 믿고, 여기로 돌아가는 마음공부心學에 진력해야 한다. 그리고 이런 노력이 개인 차원에서만 그쳐서는 안 되며, 한울님 뜻과 본성에 맞는 정치·경제 체제를 마련하고 정착시켜 나가는 큰 틀의 조치가 반드시 병행되어야 한다. 이러할 때 개인의 노력과 공동체의 변화가 서로 상승 작용을 하면서 가치 있고 행복한 사회로 보다 빠르고 원활하게 나아갈 수 있을 것이다.

우리 사회의 갈등과 혼란을 해소하고 나아가 남북통일과 세계평화를 여는 길이 여기에 있다. 이 책에서 제시한 내용이 비록 완전하고 정밀하지는 않지만, 시천주侍天主·인내천人乃天의 귀하고 높은 존재로서, 인간이 개개인의 구원은 물론 다함께 행복한 세상을 구현할 수 있는 방안과 염원을 담고 있다고 생각한다. 이 새로운 정치·경제 체제 실현에 다함께 나섬으로써, 나는 물론 모두가 행복한 세상을 하루속히 이뤄내기를 간절히 소망해 본다.

부록

현대 정치·경제 체제에 대한 이해

현대 정치·경제 체제에 대한 이해

21세기 인류의 삶에 가장 큰 영향을 끼치고 있는 정치·경제 체제는 자유민주주의·자본주의와 사회주의·통제경제 2가지이다. 그 사상적 기원과 경로는 각각 다르나, 현실에서 자유민주주의(정치)는 자본주의(경제), 사회주의(정치)는 통제경제(경제)와 결합하여 2개의 서로 다른 체제를 이루고 있다.

자유민주주의·자본주의, 사회주의·통제경제 체제는 각자 자기만의 가치관과 사상에 기반하고 있다.

미국·영국 등 서구 국가들은 '자유自由'를 최우선 가치로 삼아, 선거에 기초한 대의민주주의(정치)와 시장·경쟁을 중시하는 자본주의(경제)를 결합하여 운영해 오고 있다. 그런데 이들 자유민주주의·자본주의 국가들은 정치 불안정과 경제 불황, 빈부 격차 등 고질적인 문제를 보이고 있다.

그리고 사회주의·통제경제는 '평등平等'한 사회를 주장하며 등장하였다가, 1990년 전후 소련과 동유럽의 붕괴로 현실에서는 실패했으나, 중국·북한 등 일부에서 변형된 형태로 유지되고 있다. 이들은 당黨과 국가 중심의 중앙집권제와 통제경제에 대한 미련을 버리지 못하고 있다. 중국이 시장경제를 도입해왔다고 하나, 대표적으로 토지에 대한 권한부터 여전히 국가가 갖고 있다.[1] 또한, 중국은 공산당 조직을 웬만한 규모의 기업·공장 등에 의무적으로 설치케 한 후 당 조직 책임자를 두고 기업·공장 운영 방향 등을 정치·사상적인 측면에서 감시·통제하고 있다. 정치권력이 경제 부문을 확실히 장악하고 있는 것이다.

현재 우리도 남한은 자유민주주의·자본주의, 북한은 사회주의·통제경제라는 서로 다른 정치·경제 체제를 도입, 운영해 오고 있다. 그런데, 이들 2개의 정치·경제 모델은 각자의 결함과 한계로 인해 각국 내부는 물론, 국제정치 무대에서도 지속적이고 근원적인 긴장과 갈등을 유발하고 있다. 인간에게 가장 중요한 가치인 자유와 평등이 하나로 조화를 이루지 못하고 있는 것이 오늘날 인류의 현실인 것이다.

---

1   중국은 전체 토지를 국가 소유로 간주하고, 개인이나 단체는 토지의 '사용권'을 허가받는다. 최근 중국이 토지 국유시스템을 개혁하고 있으나 개인이나 기업이 토지를 소유할 수 있는 사적소유권 개념은 아직 존재하지 않는다.

1. 자유민주주의·자본주의

가. 가치관과 사상

현재 우리가 채택 중인 자유민주주의·자본주의 체제는 가치관과 사상의 근원을 17-18세기 서구 계몽철학에 두고 있다. 계몽철학자들은 중세 교회 중심의 억압적 구조로부터 인간을 해방시키기 위해 인간 이성理性에 최고의 가치와 역할을 부여하였다.

자유민주주의·자본주의의 가치관과 사상은 다음의 특징을 갖는다. 첫째 인간을 독립된 '개인'으로 본다. 계몽철학자들은 인간을 모든 속박에서 벗어나게 하기 위해, 교회는 물론 가족과 전통, 절대군주 등 모든 권위로부터 개인의 독립을 주장하였다. 데카르트의 "나는 생각한다. 고로 나는 존재한다Cogito ergo sum"는 명제에서 일체의 권위와 구속에서 벗어난 절대개인의 역사가 시작되었다.[2]

둘째, 개인의 '자유'를 가장 중요시 한다. 이는 사람을 독립된 개인으로 보는 이상 당연한 것이다. 사람은 다른 사람의 권리를 침해

2　이 명제는 '나'의 존재가 신과 신의 뜻을 대변하는 교회가 아니라, 오직 나 자신에 의해 보장 받는다는 이전과 다른 존재론의 선언이다. 이하 현대 정치의 대표적 체제인 자유민주주의·자본주의, 사회주의·통제경제가 기반한 가치관과 사상의 특징, 오류와 한계에 대해서는 함재봉의 글에서 많은 시사점과 참고사항을 얻었다.(함재봉, 〈근대사상의 해체와 통일한국의 정치이상〉, 『삼국통일과 한국통일下』, 통나무, 1994)

하지 않는 한 자유를 행사할 수 있으며, 국가를 포함한 어떠한 권위와 권력의 자의적 관여도 받지 않는다.

셋째, 개인의 자유를 보다 실질적으로 보장하기 위해 사유재산제와 시장경제를 핵심적인 제도로 인정한다.[3] 개인은 자신만의 재화와 물품을 소유하고 사용하며, 사적인 경제활동은 최대한 보장받는다.[4] 그리고, 사회 전체적인 재화·물품의 생산과 분배는 시장에서의 '가격'을 기준으로 한 수요공급의 원리에 따라 이뤄진다.[5]

넷째, 경쟁이다. 개인은 절대 자유를 보장받은 이상 각자의 능력과 소질에 따라 마음껏 경쟁하며 경제 활동을 할 수 있게 되었다. 이는 제약받지 않는 경쟁으로 나타났다. 경쟁은 경제를 이끄는 원동력이자, 사회의 핵심 가치와 원칙으로 자리 잡게 되었다. 경쟁을 통해 개인 각자는 창의성과 경쟁력을 발휘하고 사회는 경제적 활

---

3   존 로크John Locke는 "사유재산은 사람들이 자유를 성취하는 것을 도와주며, 인간의 창의성이 스며들어 있기 때문에 인간의 삶에 필요한 조건"이라고 보았다.(Leon P. Baradat & John A. Phillips, 권만학 옮김, 『정치 이데올로기』, 명인문화사, 112쪽)

4   아담 스미스Adam Smith는 "사람들은 그들이 원하는 대로 행동하도록 자유롭게 놔둘 때 가장 창의적"이라며 개인의 '최대 자유'를 선호했다.(Leon P. Baradat & John A. Phillips, 권만학 옮김, 앞의 책, 125쪽)

5   아담 스미스는 정부가 경제정책을 아예 가져서는 안 된다며 '자유방임laissez-faire' 정책을 지지했다. 경제는 공급과 수요라는 '보이지 않은 손invisible hands'에 의해 조절되는데, 그 결과는 가능한 최저 가격에, 최고 품질과 수량이 될 것이라고 하였다.(아담 스미스, 안재욱 옮김, 『국부론』, 박영사, 2022, 174쪽 ; Leon P. Baradat & John A. Phillips, 권만학 옮김, 앞의 책, 125쪽)

력과 부가가치를 만들어 낼 수 있다는 것이다. 이것이 바로 자본주의이며, 이는 전체의 선善은 개인이 각자 자기 이익을 추구할 때 가장 잘 이뤄진다는 가정에 기초해 있다.[6]

끝으로, 물질 중심주의이다. 자유민주주의·자본주의 체제는 종교의 자유를 보장한다는 점 등에서 유물론에 기반한 사회주의와 대비된다고들 하나, 사실 이 체제의 본질은 물질 중심주의이다. 신과 교회로부터 벗어나고 신과 교회가 강조하던 당위와 가치를 버리게 되면서, 인간에게 남겨진 것은 '외부 현상계의 물질' 뿐이었다. 서구 근대사상이 새롭게 정립한 인간은 이 '물질'과 홀로 관계를 맺어 자기 소유로 만들고, 이를 계약을 통해 교환하며 살아가는 삶을 살게 되었다. 로크의 '소유 이론' 역시 인간과 물질 간의 관계에 초점을 맞춘다는 점에서 유물론적 인식론으로 분류된다.[7]

서구 근대사상이 내세운 '절대개인'의 존재론과 유물론적 인식론[8]은 우선 신과 교회가 떠난 자리에 개인과 외부 세계, 타인과의

---

6   아담 스미스는 "제약받지 않는 경쟁 과정의 순수한 결과는 비견할 데 없이 번영하는 경제 체제가 될 것"이라고 했다. 자본주의에서 경쟁의 의미는 Leon P. Baradat & John A. Phillips(앞의 책, 125-126쪽)의 견해를 참고.

7   로크에 따르면 인간이 자연 상태에서 태어나면 자원은 공동소유 상태에 있지만, 개인이 노동을 통해 자원에 가치를 부여할 경우 개인 소유로 바꿀 수 있다. 이러한 로크의 소유 이론은 개인의 노동을 중시하며, 노동을 통해 창출된 가치에 대한 보상으로 소유권을 주장한다.(존 록크, 이극찬 옮김, 『시민정부론』, 연세대학교 대학출판문화원, 1970, 45-46쪽)

8   인간관은 인간은 어떤 존재이며, 특히 신과 어떤 관계에 있는가의 존재론存在

관계를 새롭게 설정해 줘야만 했는데, 로크는 이러한 개인과 외부 세계 간의 가장 기본적인 관계를 '소유'로 규정한다. 그리고 개인들 간의 관계는 물질을 매개로 하는, 즉 소유한 물건을 사고파는 '계약' 관계로 본다. 다시 말해 모든 인간 관계는 계약 관계가 된다.[9]

　뿐만 아니라 데카르트를 비롯한 서구 근대 사상가들은 이러한 절대개인이 신과 교회의 도움 없이 외부 세계를 스스로 인식하며 '앎(지식)'을 얻을 수 있음을 증명하려 하였다.[10] 그러나 앞에서 얘기했듯이 절대개인에게 남은 외부 관계는 신이나 인간과의 관계가 아닌 몰가치沒價値한 '외부 물질'과의 관계뿐이었다. 그러므로 서구 근대 인식론은 인간에게 있어서 가장 원초적인 관계는 '인간관계'가 아닌 '물질'과의 관계이며, 따라서 가치와 당위는 부차적인 문제로 간주된다. 인간의 앎에서 가치와 당위, 신과 도덕은 배제되고 '물

論, 인간이 어떻게 외부 환경을 인식하고 진리를 깨달을 수 있는지의 인식론認識論으로 구성된다.

9　함재봉, 앞의 글, 443쪽 참고.

10　데카르트는 절대개인이 가족, 교회, 전통, 관습 등의 도움없이 '앎'을 얻을 수 있음을 주장하기 위해, '마인드mind'라는 개념을 발명한다. 마인드는 '물리적인 내적 공간'으로, 기존 서양에서 신의 흔적인 영혼soul과 다르며 동양의 마음心과도 다르다. 이 마인드가 외부 '사물'을 있는 그대로 반영reflect함으로써 인식認識이 일어난다는 것이다. 이렇게 습득한 지식의 사실 여부도 생각하는 나, 모든 지식의 확실한 근거가 되는 절대개인 자신이 보장한다. 이 과정에서 인간의 앎에서 당위와 가치, 신과 도덕은 배제되고 '물질'에 대한 객관적 앎만 남는다. 이러한 '유물론적 인식론'은 로크, 칸트, 마르크스, 프로이트 등으로 그대로 계승된다.(함재봉, 앞의 글, 437-444쪽 참고)

질'에 대한 객관적 앎만 남게 된 것이다.

이로 인해 서구 근대 사상가들은 절대개인의 자유와 평등을 위하여 모든 위계질서, 도리, 도덕 그리고 나아가 그것을 교육시키는 수련 과정까지 거부한다. 그들은 인간을 모든 종류의 억압과 폭력으로부터 해방시키기 위하여 '인간' 질서가 아닌 '절대개인'의 질서를 구상했던 것이다.[11]

또한 개인이 교회, 가족과 전통, 국가로부터 자유로워지면서 이들의 사회는 종교와 공동체, 그리고 정치와도 분리되었다. 남은 것은 마음껏 자유를 누리며 경쟁을 펼칠 수 있는 경제 활동 무대였다. 여기에 경쟁은 사회를 개인이 생존하기 위한, 재화를 추구하는 공간으로 만들어갔다. 이 결과, 공동체 안에서 구성원들의 삶의 초점은 오직 경제 활동, 부의 축적에 맞춰지게 된 것이다.

나. 오류와 한계

자유민주주의·자본주의의 가치관과 사상은 사실 정치·사회적으로 참정권의 확대, 인권의 보장, 법치주의 강조, 학문과 토론의 자유 등으로 다방면에 걸친 발전을 가져왔고, 특히 산업혁명과 더불어 인간에게 급속도의 경제 성장과 부를 가져다 주었다. 그러나

---

11   함재봉, 앞의 글, 444쪽 참고.

역사에서 보듯 초기부터 많은 폐해를 초래했으며, 이후 점차 평등과 균형 발전을 강조하는 등 수정·보완을 해왔지만 근본적인 문제는 남아 있다.

첫째, 인간을 교회와 국가권력 등으로부터 독립시키는 과정에서, 모든 것으로부터 '단절되고 고립된 개인'을 낳았다. 즉, 인간이 독립은 했으나, 신과 가족, 공동체와 소통이 없는 '외로운 개인'이 되고 만 것이다.[12] 경제 성장과 교통 통신의 발달로 도시화가 진행되고 공동체의 규모는 커졌으나, 그 속에 살아가는 개인들은 정情을 나누고 안식을 구하며 인간 존재 본래의 문제를 해결하기 어려운 '공동체 없는 공동체'에서 살게 된 것이다. 이로 인해 근대를 거쳐 현대에 이르기까지 인간의 삶에서 소외와 고립, 비인간화 등의 수많은 문제가 발생하고 있다.

그런데 심각한 것은 그 누구도 이를 해결해 줄 수가 없다는 사실이다. 개인이 종교와 가족, 국가 등에서 분리되어 절대자유를 주장하는 상황에서 누구 하나 섣불리 나설 수 없게 되었기 때문이다. 그래도 이 상황에서 최후에 동원할 수 있는 것은 역시 국가였다. 결국 서구 자유민주주의·자본주의는 개인의 행복을 실현하기 위해 '요람에서 무덤까지' 책임지는 절대 복지국가를 탄생시킨다.[13] 그러나

---

12 함재봉, 앞의 글, 454-455쪽 참고.

13 함재봉, 앞의 글, 456쪽 참고.

국가가 하는 일은 많아졌지만, 결코 구성원들의 '인간적 고민'은 해결해 줄 수가 없다는 데 문제가 있다. 가치와 도덕, 감성과 영성에 기반하고 다양한 측면과 요소를 갖는 인간의 삶을 근대국가가 모두 충족시켜 주기에는 한계가 너무도 분명하기 때문이다.

둘째, 개인이 절대자유를 갖게 되었으나, 문제는 본성이 회복되지 않은 개인의 자유라는데 있다. 육신관념에 젖은 개인에게 절대자유란 절제 없는 자유로 변질되기 쉽다. 더욱이 이러한 자유가 사유재산 및 경쟁과 결합할 경우 자칫 탐욕과 방종으로 흐르기 마련이다. 자본주의는 육신관념에 젖은 개인에게 절대자유를 부여하면서, 경제적 합리주의라는 이름 아래 최소 비용으로 최대 효용을 얻어내는 '타산적 인간'을 모델로 제시하였다. 이런 상황에서, 개인의 노력과 경제적 활력을 끌어내기 위해 '경쟁'을 도입하였다.

이러한 체제에서는 합리적 가격에 양질의 재화를 제공하는 사람은 번영하고, 그렇지 못한 사람은 제거된다.[14] 더욱이 경쟁이 초기에는 경제 영역에 국한되었으나, 점차 공동체 전반의 원칙으로 확산되었다. 이는 심각한 빈부 격차, 인권 침해, 소외와 갈등의 많은 문제를 낳았다. 그동안 자본주의를 수정·보완하기 위해 각종 조치가 취해졌지만, 본성이 회복되지 못한 절대개인의 절대자유로 인해

---

14 Leon P. Baradat & John A. Phillips, 권만학 옮김, 앞의 책, 125-126쪽.

발생하는 문제의 근본은 여전히 해결되지 않고 있다.[15]

셋째, 정치제도가 절대개인의 자유를 보장하는 데 초점이 맞춰져 있다 보니 국가운영이 원활하지 않다. 자유민주주의·자본주의의 '자유freedom'는 인간다운 삶을 일궈 나갈 수 있는 여건을 제공하였고, 이는 정치·사회적으로 다방면에 걸쳐 발전과 성숙을 가져왔다. 또한 경제적으로 인류 역사에 유례없는 급속한 발전과 물질의 풍요를 가능하게 하였다. 뿐만 아니라, 초기의 문제점을 고치기 위해 평등과 공정, 균형 발전을 강조하는 등 계속해서 수정·보완 조치를 해 왔다.

그러나 자유민주주의·자본주의를 자세히 살펴보면, 그 자체에 근본적 한계와 결함을 지니고 있음을 알 수 있다. 우선 유권자인 국민들이 육신관념을 씻어내지 못한 상태에서 정치적 의무는 다하지 않으면서 절제 없는 요구를 하고, 각종 조직·단체를 통해 부분적 이익을 계속해서 관철하려 든다. 정치에 인기 영합주의와 부패가 구조적으로 연계되어 있는 것이다.

또한, 국가 기능으로부터 종교와 경제, 문화예술 영역이 모두 분

---

15 미 의회예산국 2022.9.28字 보고서에 따르면, 1989-2019년 사이 미국 상위소득 10% 가계의 자산은 64%에서 72%로 늘어났고, 증가 대부분은 상위 1% 가계가 이끌었다. 하위 50% 가계 자산은 전체 4%에서 2%로 감소했고, 하위 25%는 평균 부채가 자산보다 많은 것으로 나타났다.(문화일보, 〈美 소득 하위 50%, 자산 전체의 2%에 불과… 부 편중〉, 2022. 9. 29.)

리되어 있다. 절대개인의 자유와 행복이라는 이름 아래 국가 기능이 이들 분야에 함부로 관여할 수가 없게 되어 있다.[16] 이는 개인의 자유와 권리를 보호하기 위한 취지이지만, 국가 기능의 범위 자체를 제한함에 따라 구성원들이 필요로 하는 사안에 대한 해결 능력마저 제한하게 되어 여러 가지 문제를 유발한다.[17]

그리고 이러한 국가 기능은 '견제와 균형'의 원칙에 의해 다시 한 번 억제된다. 사실 자유민주주의·자본주의 체제는 특유의 '견제와 균형'으로 권력의 합리적 행사를 유도하고 무엇보다 독재를 방지하는 등 긍정적 측면이 적지 않다. 그러나 이러한 '견제와 균형' 위주의 시스템은 갈수록 복잡해지고 급변하는 상황에 능동적으로 대응하거나 발전을 도모하기 어렵게 한다. 뿐만 아니라 선거에 기반한 대의민주주의에서는 국민의 '대리인'들이 실권을 행사하고 정작 주인인 유권자들은 평소 자신의 사회·경제적 삶과 직접 관련이 없는 한 국정에 별다른 관심을 쏟지 않는다. 설령 유권자들이 정치 과정에 나서더라도 경제력과 정보력이 뒷받침되지 않아 실질적으로 참여하기 여의치 않다.

16　대표적으로 사이비종교 문제를 들 수 있다. 종교가 국가와 분리된 상황에서, 고립되고 외로운 개인이 정신적 공허함을 채우기 위해 사이비종교를 선택했다가 심각한 피해를 입게 되더라도 국가 공권력은 함부로 개입할 수 없다.

17　이는 공동체의 모든 영역에 국가권력이 관여·통제하는 사회주의 체제와 대비된다. 한쪽은 국가의 기능이 너무 분리·제한되어, 다른 한쪽은 과잉 행사되어 각각 문제를 낳고 있다.

이런 상황에서, 국회의원 등 대리인은 선거기간 외에는 유권자를 제대로 의식하지 않으며 민의民意를 충실히 반영하려 노력하지 않는다. 공동체의 주인인 국민이 정치 과정에서 저만치 밀려나 있는 실정이다. 특히 이러한 대의제가 '지역'에 기반한 선거제만을 고수할 경우, 입법기관이 현대 사회의 복잡하고 다양한 분야와 계층을 대변하지 못하고 요구와 지지를 수렴·반영하는데 실패함으로써 한계가 더욱 심화될 수 있다.

여기에 대의민주주의의 대표적 정부 모델인 대통령제와 의원내각제도 제각기 문제점을 안고 있다.[18]

우선 대통령제는 국민을 대표하는 기관이 대통령과 의회로 분리되어 있다. 대통령과 의회가 서로 대립 관계가 되면, 안정적이고 효과적인 국정운영이 쉽지 않다. 대통령과 의회 간의 갈등이 심화될 경우 자칫 포퓰리즘으로 흐를 수 있다. 대통령도, 의회도 정치적인 대화와 타협을 통해 자기 정책을 반영할 수 없게 되면, 서로 직접 국민을 상대하려 들기 때문이다.[19] 또한 대통령은 당선되면 임기를

---

18 대통령제와 의원내각제의 단점과 한계는 다음의 글을 각각 참고하였다.(권만학 옮김, 앞의 책 176-185쪽 ; 서울대 정치외교학부 정치학 전공 교수진, 『정치학의 이해』, 박영사, 2021, 142-163쪽)

19 야당이 의회를 장악하는 여소야대 상황이 되면 대통령과 의회의 갈등이 더욱 심해질 수 있다. 제왕적 대통령제와 의회 독재가 여과 없이 충돌할 가능성도 배제할 수 없다.(서울대 정치외교학부 정치학 전공 교수진, 앞의 책, 148-149쪽 참고)

보장받는데, 이는 부적합한 대통령의 교체를 제한하고, 자의적·독단적인 국정운영 가능성을 높이며, 임기 후반부 통치력을 약화시키는 등의 문제를 유발한다.[20] 대통령의 임기가 단임제인 경우 이러한 문제는 더욱 악화된다.[21]

그리고 대통령제에서는 행정부 수반과 국가 원수로서의 역할이 계속 충돌할 소지가 있다.[22] 이런 상황에서 여야 간 합의의 정치가 어려워지면 대통령이 全 국민에 대한 대표성을 명분으로 국정을 독주하는 '제왕적 대통령'으로 가기 쉽다. 대통령의 권력이 비대해지고, 특히 핵심 권력인 인사·감찰 기능의 편파적 사용이 심각한 문제로 대두될 수 있는 것이다.

반면, 의원내각제에서는 행정부를 낳는 의회가 극심한 권력 투쟁의 장이 됨에 따라 국정 안정성이 떨어질 수 있다.[23] 또한 다수당의

---

20 서울대 정치외교학부 정치학전공 교수진, 앞의 책, 146-148쪽.

21 대통령 단임제는 중간 평가가 없어, 책임 있는 국정 운영에 소홀할 수 있다. 또한, 집권측은 임기 초반에 국정 주도권을 잡기 위해 前 정권과 차별화된 정책에 승부를 건다. 이에 야당측은 임기 초반 대응이 관건이라는 전략 아래 무조건 반대에 나선다. 이러한 대립은 여야 간 정치적 가치관이 다를 경우 더욱 심해진다. 이런 모습을 최근 우리나라 정치에서 잘 볼 수 있다.

22 대통령은 자기 정당의 공약을 내세워 당선되고, 당선 후에는 행정부 수반으로서 대선 공약을 국가 정책으로 추진해야 한다. 즉, 정파적 역할을 수행할 수밖에 없다. 그러나 '모두의 대통령'인 국가 원수로서 통합적 역할도 동시에 요구받는다. 두 역할 간의 구조적 충돌은 대통령제의 현실적인 문제가 된다.(서울대 정치외교학부 정치학전공 교수진, 앞의 책, 150-151쪽)

23 의원내각제는 논란이 많을 때 약한 경향이 있다. 선거가 새로 실시되고 정부

일당독재로 갈 우려 역시 존재한다. 선거를 통해 과반 의석만 확보하면 장기 집권이 가능하기 때문이다. 그리고 대통령제든 의원내각제든 단방제 하에서는 권력 집중이 더욱 심화되어 이러한 부작용이 가중될 수 있다.[24]

넷째, 물질 중심주의로 인한 폐해가 너무도 크고 깊다. 자유민주주의·자본주의의 사상적 기반을 제공한 근대 계몽철학은 절대개인을 탄생시키면서 인간에게 외부 현상계의 물질만 남겨 주었다. 이런 상황에서 개인의 기본적인 외부 관계는 물질을 '소유'하는 것이며, 인간관계는 서로 정情을 주고받는 것이 아니라, 물건을 사고 파는 '계약' 관계가 된다.[25] 그리고 절대개인이 '앎(지식)'을 얻는 방법과 과정, 즉 인식론認識論 역시 '외부 물질'과의 관계에 집중되는데, 이러한 개인이 스스로 앎을 얻을 수 있음을 입증하려는 시도는 근대사상의 최고봉인 칸트에 이르러서조차 실패로 끝나고 만다.[26]

가 자주 바뀔 수도 있다. 안정된 정부가 가장 필요할 때 가장 취약할 수 있다. (Leon P. Baradat & John A. Phillips, 권만학 옮김, 앞의 책, 184쪽)

24 단방제單邦制는 모든 정부 권력을 중앙 정부 수준에 집중시킨다.(Leon P. Baradat & John A. Phillips, 권만학 옮김, 앞의 책, 179쪽)

25 함재봉, 앞의 글, 443쪽 참고.

26 칸트는 데카르트의 '마인드'를 수용하면서도, 마인드를 통해 얻은 외부 물질에 대한 '정보자료'는 앎이 될 수 없다며 데카르트의 오류를 인정한다. 그러면서 이러한 '정보자료'에 대한 '종합synthesize'을 통해서만 앎을 얻을 수 있다고 주장한다. 그러나 '종합'을 통해서만 앎을 얻을 수 있다면, 어떻게 세계가 '정보자료'로 구성되어 있음을 알 수 있는지 설명하지 못한다. 이는 세계가

우리는 앞에서부터 계속 사람은 무형한 성령과 마음, 유형한 육신으로 구성되어 있다고 하였다. 즉 내 안에 성령, 한울님이 내재해 있고 그에 기반하여 내가 마음으로 육신을 사용하며 살아가는 것이다. 이때 마음心은 데카르트가 만들어 낸 '마인드mind'와는 개념이 질적으로 다르다. 앞에서 보듯, 마인드는 일종의 물리적인 내적 공간으로 가치와 당위를 배제하고 외부 현상계의 물질을 있는 그대로 반영reflect함으로써 지각과 인식이 일어나는 곳이다.

반면, 마음은 억 억만년 전부터 존재하는 성령에서 지혜와 생명력을 받아 세상을 인지하고 다른 사람들과 소통하며 정을 나누고 내 육신을 사용하여 온갖 활동을 주관하는 존재이다. 그러므로 '마음心'으로 얻는 앎은 질적·양적으로 '마인드mind'가 외부의 물질을 반영하여 갖게 되는 앎의 수준을 훨씬 넘어선다. 당연히 후천적인 지각에 의하지 않은 – 선험적인 – 앎의 문제도 지혜의 원천인 '성령性靈'으로 쉽게 설명할 수 있다. 또한 마음으로 얻는 앎은 수련을 통해 내 안의 성령과 원활히 소통하면서 인간의 가치와 당위, 도리와 도덕을 깨닫고, 나아가 몸으로까지 체행할 때 비로소 온전해질 수 있음은 물론이다.

이와 달리 내 안의 성령, 마음, 육신의 존재와 관계를 전제하지

'정보자료'로 구성되어 있음을 선험적으로 즉, 경험하기 이전에 이미 알고 있다고 설정할 때 가능하기 때문이다.(함재봉, 앞의 글, 447–451쪽 참고)

않는 서구 근대의 인간관은 앎知을 얻는 과정을 제대로 설명하지 못한다. 뿐만 아니라, 너무나 당연하게도 '가치'와 '당위'의 문제에 대해서는 더더욱 해답을 제시하지 못한다. 결과적으로, 서구 근대 사상은 사람들로 하여금 '가치'와 '도덕', 즉 '인간'의 문제를 소홀히 하고 도외시함으로써 근대사회의 가치관과 도덕관, 인간관이 황폐화되는 결과를 초래하였다.[27]

앞에서도 살펴보았듯이 이러한 근대 서구 정치사상의 가장 큰 아이러니는 절대개인의 절대자유를 보장하기 위해 절대국가를 탄생시킨 것이다.[28] 이와 같은 절대국가 속에서 서구의 근대인은 절대적인 자유와 생존, 행복을 모두 얻었지만, 그 과정에서 고립, 소외, 외로움과 절대국가의 끊임없고 철저한 '보살핌'을 얻었다.

그러나 이와 같은 딜레마에서 탈출을 가능케 하기에는 서구 근대 사상의 좌·우 모두 무기력하다. 그것은 근대 복지국가와 근대인이 바로 절대개인을 출발점으로 삼은 근대 좌·우익 사상의 공동작품이기 때문이다. 그렇기에 기존의 서구 근대 정치사상은 지금의 서구가 직면하고 있는 문제를 풀 수 없는 사상이다.[29]

---

27 함재봉, 앞의 글, 453쪽 참고.

28 이것이 바로 근대 복지국가로, 이는 데카르트가 설정한 절대개인의 존재론과 이를 바탕으로 한 사회계약론, 그리고 유물론적 인식론에 근거한 것이다.(함재봉, 앞의 글, 454-455쪽 참고)

29 함재봉, 앞의 글, 456-457쪽.

서구 근대사상과 그 제도적 결정체인 근대 복지국가의 가장 근본적인 문제는 인간과 가치와 당위의 부재이다. 서구 근대사상이 인간과 도덕을 결여하는 것은 그 존재론과 인식론에 깊이 뿌리내린 세계관에서 비롯된 것으로, 공동체와 도덕, 종교와 가족을 희생시키면서 절대개인의 자유를 확보하려는 시도의 필연적 결과이다.[30]

다. 근본적 한계

그러나 서구 근대사상의 결함과 한계는 보다 근본적인 데 있다. 사실 근대사상은 중세 교회로부터 독립하려는 가치관적·사상적 시도였으나, 큰 틀에서 완전히 벗어나지 못하는 모습을 보인다. 자연법은 신(하나님)이 부여했거나, 신의 자리를 대신한 것에 지나지 않으며, 이는 개인의 자유와 권리에 대한 천부인권설 등에서 잘 볼 수 있다.[31]

경제적 측면에서도 전체의 선善은 개인이 각자 자기 이익을 추구할 때 가장 잘 얻어진다는 가정이나, 경제는 공급과 수요라는 '보이

---

30 함재봉, 앞의 글, 459쪽 참고.

31 서구 근대사상을 계승하여 자유민주주의·자본주의 체제의 대표 국가가 된 미국은 그 독립선언서 서두에 "…세계 여러 나라 사이에서 자연법과 자연의 신의 법(the Laws of Nature and of Nature's God)이 부여한 독립, 평등의 지위를 차지하는 것이 필요하게 되었을 때…"라고 하여 자연법과 신(하나님)의 상관성을 보여주고 있다.

지 않은 손invisible hand'에 의해 조절된다는 이른바 '조화론'은 모두 그들의 신, 하나님의 흔적이다. 사실 이러한 '조화'는 인간이 수련을 통해 신神과 원활히 소통하고 본래 상태를 회복하며 나아가 하나 될 때 도달할 수 있는 것[32]임은 차치하고, 신에 대한 막연한 의존, 의타적 자세를 너무도 잘 보여 준다.

서구 근대사상의 이러한 결함과 한계는 그 의식적·무의식적 근원이 되는 서구 교회신앙 즉, 헤브라이즘 자체의 결함과 한계에서 비롯된다.

서구 교회신앙은 첫째 사람을 신에서 분리된 존재, 더욱이 신의 피조물로 종속되어 있는 존재로 본다.

둘째, 그래서 신은 저 멀리 있으며, 중보자[33] 없이는 신과 소통은 물론 기도조차 할 수 없다. 중보자를 통하지 않고 기도할 경우 이단異端이 되고 마는 것이다.[34]

셋째, 신과 통하는 구체적이고 체계적인 방법과 절차가 결여되어 있다. 그저 일방적인 기도로 구원에 매달릴 뿐이다. 신과 통할 수

---

32 이러한 조화와 자연스런 조절은 인위적인 함이 없이 저절로 되는 '무위이화無爲而化', '무위자연無爲自然'의 경지로, 인간이 본래성령, 한울님 상태와 하나 되어 생각과 말과 행동이 한울님과 함께 할 수 있을 때 가능한 것이다.

33 신과 사람 사이에서 관계를 성립하게 하고 화해를 가져오는 이를 말한다. 신약성경은 예수만이 중보자라고 가르친다.

34 오명직, 〈천도교의 우주관·신관〉(동귀일체, 『천도교 신앙심화』, 글나무, 2022, 51쪽 참고)

있는 심고心告, 주문呪文 없이 '구하는 기도' 하나에만 의존한다.[35]

서구 교회신앙은 구원받고자 하는 사람이 육신관념을 씻어 내고, 마음과 기운을 변화시켜 나가며, 본래의 성령, 한울님 상태로 회복하는 구체적인 과정과 절차가 너무도 빈약하며, 사실상 부재不在하다. 이로 인해 인간은 신과 멀리 떨어진 채 자기 스스로 변화하기 위한 노력은 하지 않으면서 구원만을 찾는다.

문제는 서구 근대사상은 이러한 교회신앙의 빈약한 구원 체계조차 멀리하거나 버렸다는 사실이다. 절대자유를 얻어 경쟁 속에서 이윤만 바라보며 달려가지만, 무한 경쟁의 경제 활동 속에서 쌓이는 육신관념을 씻어낼 아무런 장치와 방법이 없다는데 지금까지 서구가 주도해 온 문명의 근본 문제가 있는 것이다. 이러한 인간에게 고립, 소외, 외로움은 물론 각종 마음의 병과 일탈이 발생하는 것은 어쩌면 너무도 당연한 것이라 하겠다.

오늘날에 이르기까지 자유민주주의·자본주의 체제가 많은 수정과 변화를 거쳐왔지만, 근원적인 결함과 오류가 있는 상태에서는

---

35 이는 신앙 태도에도 부정적인 영향을 준다. 즉, 스스로 성령, 한울님 상태를 회복하려는 수련에는 정성을 쏟지 않고, 그저 구하게만 할 수 있다. 그래서 사실 위험하다. 일상에서 아무리 중죄를 범해도 교회에 나가 하나님 앞에 회개하기만 하면 '구원받을 수 있다'는 잘못된 자세를 유발할 수 있다. 본성을 회복하지 못한 사람이 신과 떨어진 상태에서 너무도 쉽게 구원을 바라게 되는 것이다. 서구 근대사상은 이러한 부족한 교회에서조차 벗어난 개인에게 '절대자유'를 주었다. 이에 기반한 현대문명의 위험성을 우려하지 않을 수 없다.

제대로 된 개선을 기대하기 어렵다. 사실 오늘날 우리 사회의 모든 가치 중에서 돈이 가장 중요한 위치를 차지하고, 구성원들이 사회 활동을 하는 이면에는 은연중 돈이 최종 목적으로 자리 잡고 있다. 자유민주주의·자본주의는 그 자체에 많은 문제와 한계를 안고 있다. 더욱이 이러한 개선·보완을 책임져야 할 국가가 기능과 구조 면에서 한계를 갖고 있어 그 길이 쉽게 보이질 않는다.[36] 이러한 상황에서는 구성원 간 빈부 격차, 갈등과 대립이 갈수록 심해지면서 사회 불안이 가중될 소지가 크다. 구성원 모두가 평안하고 행복한 삶을 기대하기가 결코 쉽지 않은 것이다.

이러한 체제 안에서는 심지어 성공한 사람조차 사회생활과 자아 실현의 조화를 이루기 쉽지 않다.[37] 사회 활동 과정에서 인성을 돌아보지 않게 되는, 공동체 생활에 몰입할수록 자기 본성을 잊고 잃어버리고, 인성이 손상되기 쉬운 환경이기 때문이다. 경제적 성공

---

36 코틀러는 현대자본주의의 문제로 ① 지속적 빈곤에 대해 해결책을 거의 또는 아예 제공하지 못한다. ② 소득과 부의 불평등이 더욱 심해진다. ③ 수십억 명의 노동자에게 생활임금을 지급하지 못한다. ④ 규제가 없을 때, 환경과 천연자원은 남용된다. ⑤ 경기 순환과 경제 불안정을 유발한다. ⑥ 지역사회와 공익을 희생시키고, 개인주의와 사리사욕을 강조한다. ⑦ 정치인과 기업의 이익단체가 결탁해 시민 대다수의 경제적 이익을 막는다 등 14가지를 든다.(Philip Kotler, 박준형 옮김, 『다른 자본주의』, 더난 출판, 2015, 32-33쪽)

37 빨리 돈 많이 벌어 경제적·시간적 자유를 누리는 걸 꿈으로 여기는 풍조는 공동체와 개인의 삶이 조화되지 못함을 보여준다. 사회에서 성공하면 사회를 떠나겠다는 심리에서 극심한 경쟁에서 상처받는 현대인의 영혼을 본다.

과 행복, 사회적 성공과 자아실현이 양립하기 어려운 현실, 이것이 현대 자유민주주의·자본주의 체제의 근본적인 딜레마이다.[38]

〈 자유민주주의 · 자본주의 체제 〉

구 분	내 용
가치관과 사상	■ 인간은 신(교회)·전통·국가로부터 독립된 개인 ■ 개인의 '자유'를 가장 중시 ■ 자유 보장을 위해 사유재산제·시장경제 인정 ■ '경쟁'이 개인과 사회의 경쟁력·창의력 원천 ■ 물질 중심주의, 사람 간 관계는 '계약' 중심
오류와 결함	■ 모든 것으로부터 단절되고 고립된 개인 초래 ■ 본성이 회복되지 않은 개인에게 절대자유 부여 ■ 정치가 개인 자유 보장에 편중, 제약·비효율 발생 ■ 가치·당위, 인간관계 배제로 인간성 황폐화
근본적 한계	■ 사상적 근원인 서구 교회신앙에 근본적 결함 존재 ＊① 신과 분리된, 피조물로서 인간 ② 신과 직접 통할 수 없는 인간 ③ 신과 소통하는 체계적 방법 부재 ■ 불완전한 교회신앙과도 분리, 육신관념 해결 불가

38 금욕적 프로테스탄티즘이 건강한 자본주의를 떠받치는 중요한 축이 될 수 있다고 하겠지만, 프로테스탄티즘 역시 서구 교회신앙의 한 계보로, 근본적인 한계를 갖고 있다.

2. 사회주의와 통제경제

가. 가치관과 사상

사회주의·통제경제는 자유민주주의·자본주의의 비인간성을 바로잡겠다며 등장하였으며 주요 가치관과 사상은 다음과 같다.

첫째, 사회주의·통제경제 역시 근대 계몽철학의 절대개인 인간관을 이어받아 신과 종교, 가족 등으로부터 분리되고 독립된 개인을 전제로 한다. 오히려 한 걸음 더 나아가 신과 종교를 현실에서의 계급적 차별을 은폐하는 허위의식虛僞意識이라 비판하며 아예 폐지해 버린다.[39] 이를 통해 인간은 기존의 억압적인 체제 및 전통과의 연결고리가 완전히 끊어진 절대개인이 된다. 그런 다음 노동자[40]라는 계급의식[41]과 공산주의 혁명이라는 목표를 통해 개인들을 다시

---

39 마르크스는 『헤겔 법철학의 비판을 위하여 서설』에서 "(종교는) 인간적 본질의 환상적 현실화인 것이다(중략). 종교는 곤궁한 피조물의 한숨이며, 무정한 세계의 감정이고, 또 정신없는 상태의 정신이다. 종교는 인민의 아편이다."라고 주장한다.

40 마르크스에 따르면, 노동자 계급은 물질적 생산을 위해 노동력을 판매하는 사람들로 구성된다. 이들은 자신의 노동력을 이용하여 사회적 가치를 창출하지만, 생산수단의 소유권이 없어 자기 노동의 결과물에 대한 통제력을 갖지 못하며, 이로 인해 자본가들의 이익을 위해 노동하며 억압받고 착취당한다.

41 어느 계급의 구성원이 그 계급에 속함으로써 갖게 되는 사회의식을 말한다. 대립하는 계급은 대립하는 계급의식을 갖는다. 노동자의 계급의식 역시 자본

인위적으로 연결하고 조직한다.

둘째, 평등 지상주의이다. 자유민주주의·자본주의 체제의 무분별한 자유가 가져온 폐해를 바로잡겠다며, 인간의 평등, 특히 경제적 평등을 강조한다. 사회주의·공산주의 사상가들은 초기 자본주의의 비인간성을 지적하며 그 원인을 규제받지 않는 개인의 자유, 즉 개인주의와 사유재산제에서 찾았다. 그러면서 생산수단의 공적 소유, 계획과 통제에 의한 재화의 생산·분배를 주장하였다.

셋째, 계획·통제 경제이다. 자유민주주의·자본주의 체제에서의 탐욕스런 경쟁과 무책임한 시장경제에 따른 폐해를 지적하면서, 혁명을 주도하는 인간이 생산과 분배, 소비 등 경제의 모든 과정과 결과를 계획하고 통제할 것을 주장한다. 이런 면에서 사회주의는 인간의 능력으로 경제적 불평등을 제거하고 변수를 관리하며 지상에 천국을 건설하려는 인간 이성理性 절대주의의 모습을 보인다.

넷째, 유물론唯物論이다. 인간 사회의 문제, 즉 모순에 대한 진단과 처방, 나아가 발전과 변화 동력을 물질적 토대에서 찾는다. 이는 인간 사회로부터 신과 종교를 완전한 배제시킨데 따른 당연한 결론이다. 마르크스는 사회를 '생산관계'와 '생산수단'으로 구성된 유

가와 대립하는 계급의식으로 생겨난다. 마르크스는 노동자 계급이 자신들의 억압상황을 인식하고 단결하여 혁명적 변화를 이루는 것을 목표로 제시했다.

물적 기초와[42], 정치·법률·교육 등의 '상부 구조'로 나누면서, 사회 발전은 생산수단의 소유와 관련된 계급 간의 대립과 변화에 의해 주도된다고 하였다. 즉, 사회 발전의 동력을 생산수단의 소유권과 관련된 계급 간의 '대립'으로 본 것이다.

그러나 로크의 '소유적 개인주의'와 가장 첨예하게 대립했던 마르크스 역시 절대개인의 인간관을 받아들이면서, 이들 개인과 외부 물질과의 관계에 초점을 맞췄다는 점에서 철저한 유물론자이자 지극히 '근대적'인 사상가이다. 다만 인간과 외부 세계와의 가장 기본적인 관계를 '소유'가 아닌 '노동勞動'으로 보는 점에서 차이가 있을 뿐이다.[43]

나. 오류와 한계

이상의 사회주의·통제경제의 가치관과 사상은 자본주의의 비인간성 극복이라는 휴머니즘적 동기에도 불구하고, 중대한 흠결로 자

---

42 생산수단은 사회에서 생산과 부를 창출하는 데 사용되는 공장, 기계, 토지, 원자재 등의 자원과 도구를, 생산관계는 사회적인 생산 과정에서 계급이나 사회 집단 간 상호작용과 의존 관계를 말한다. 마르크스는 이러한 경제 구조가 사회적 관념, 규범, 제도 등 사회의 상부 구조에 영향을 미친다고 주장했다. 자본주의 경제에서는 자본가가 생산수단을 소유하고 이익을 추구하는 경제권력을 가지며, 노동자는 자본가에게 노동력을 판매한다.

43 함재봉, 앞의 글, 443쪽.

유민주주의·자본주의보다 더욱 심각한 오류와 문제를 낳았다.

첫째, 사회주의·통제경제에서는 인간을 신으로부터의 분리·독립을 넘어, 아예 신 자체를 없애버린다. 뿐만 아니라, 가족과 공동체 등의 기존 사회관계 역시 이른바 '허위의식'에 기반하여 불평등과 차별을 조장한다며 모두 끊어버릴 것을 주장한다. 이로 인해 인간은 더욱 철저히 분리되고 고립된 개인이 되고 만다.

그런 다음 이러한 절대개인 가운데 노동자들을 하나의 계급의식으로 묶어 혁명의 주도 세력으로 삼는다.[44] 그리고 절대개인들을 공산혁명의 길로 이끈다는 명분 아래 '전체'의 이름으로 다시 묶는다. 이로 인해 이 체제에서 당黨과 국가 기구를 통한 촘촘하고 강압적인 감시와 통제는 중요한 특징이 된다. 뿐만 아니라, 당과 국가가 제시하는 공동체 운영 방향과 주요 정책에 대한 집중적인 선전 선동을 통해 개인들을 정신적·심리적으로 다시 한 번 더 묶는다.

그리고 지상 최대의 과제인 모두가 잘사는 공산주의 혁명을 완수하는 과정에서 개인들에 대한 각종 감시와 통제, 강제적 동원과 억압, 그에 따르는 불법과 도덕적 흠결에는 개의치 않는다. 무엇보다 너무도 쉽게 대립과 폭력을 통한 혁명을 주장한다. 결국 폭력이 '혁명'과 '전체'의 이름으로 정당화된다. 이처럼 사회주의·통제경제

44　이후 마르크스주의자들은 공산혁명의 성공을 위해 농민·지식인 등도 혁명 주도세력에 포함시킨다.

체제는 혁명 완수를 위해 인위적인 가치와 당위, 물리력으로 인간 관계 전체를 다시 구성한 것이다.

문제는 이 과정에서 신神과 공동체가 제거된 공간을 이른바 '혁명' 주도 세력인 정치권력이 메운다는 사실이다. 절대개인들을 '혁명'을 향해 일사불란하게 끌고 가기 위해서는 '전체'의 이름으로 개인들의 욕심을 억제시키고 혁명 의지를 고양시키며 정신적 단결을 다지는 등의 온갖 조치가 필요하다. 결과적으로, 정치권력이 교회와 수도원의 역할을 대신하고, 최고지도자가 신의 역할을 대신하게 되는 것이다. 우리는 이러한 사회주의·통제경제 체제의 현실적인 모습을 그들의 열띤 선전 선동과 사상 교육, 지도자 우상화에서 어렵지 않게 볼 수 있다.

뿐만 아니라, '평등' 실현의 기치 아래 사회의 모든 생산수단과 이윤을 어느 누구도 소유할 수 없도록 한 가운데, 이를 혁명을 주도하는 소수의 정치권력이 장악한다.[45] 이로 인해 이 체제는 절대 불평등과 절대 부패에 이른다. 사회주의·통제경제는 자유민주주의·자본주의의 무분별한 자유의 폐해를 막고 인간 평등을 실현하려는

---

45 호페Hans-Hermann Hoppe는 사회주의에서는 자원의 통제와 활용을 평등의 이름으로 소유자가 아니라 관리직 정치인이 장악하며, 이로 인해 구성원들이 생산능력보다 정치능력 향상에 투자하게 된다고 지적한다. MISES INSTITUTE KOREA. "사회주의가 반드시 실패하는 다섯 가지 이유" https://miseskorea.org/wire/?mod=document&uid=342

취지에서 출발했지만, 잘못된 가치관과 사상으로 인해 오히려 강압과 통제가 일상화된 거대한 '문제 사회'를 낳고 만 것이다.[46]

둘째, 자유민주주의·자본주의에서 '자유와 경쟁'을 제거함으로써 그나마 있던 경쟁력과 창의력의 원천을 막아 버린다.[47] 사회주의·공산주의 사상가들은 자본주의의 문제점을 개인의 절대자유와 사유재산제에서 찾으면서, 생산수단의 공적 소유, 계획과 통제에 의한 재화와 서비스의 생산·분배를 주장하였다. 그러나 사유재산제의 폐지는 인간의 경제 활동 의욕까지 제거한다. 사회주의·통제경제 체제 아래에서 개인들은 육신관념이 억눌린 채 '전체'를 위해 움직이는 시늉만 할 뿐이었다.

더욱이 세상의 물욕과 습관이 제거되지 않은 인간들에게 헌신적인 정성과 공경, 자발적 양보와 절제, 협력을 전제로 하는 '평등'은 애초 불가능한 것이었다.[48] 결국 강압과 폭력 없이는 프롤레타리아 혁명을 향해 한 걸음도 나아갈 수 없는 것이 현실이 되고 말았다.

---

46 가장 근본적인 문제는 신을 없애버림으로써 사람이 한울님과 소통하고 본래 상태로 돌아갈 수 있는 통로 자체를 막아 버린 데 있다.

47 자본주의 체제에서 '경쟁'은 사람들이 비록 한시적이고 육신관념에 젖은 상태 지만, 분발하며 연구하고 노력할 수밖에 없게 만든다. 이는 부작용이 있고 지속 가능하지 않지만 나름대로 창의와 아이디어, 그리고 부가가치를 만들어 낸다. 한울님은 육신관념에 젖은 인간 안에서도 작용하고 계시기 때문이다. 사회주의는 이런 활력의 원천 자체를 인위적으로 막아 버린다.

48 경제적 평등은 구성원들의 본성 회복과 올바른 경제 체제 마련이라는 2가지 요건이 모두 충족될 때 가능할 것이다.

이로 인해 사회주의·통제경제는 최소한의 먹는 문제조차 해결하지 못하고 재화와 물품이 말라 버린 공동체를 낳게 되었다.

이에 대해 중국 등이 경쟁력과 부가가치 확보를 위해 시장경제 접목 등을 통해 해결에 나서고 있으나, 근본적인 가치관과 사상을 계속 고수하는 가운데, 정치–경제 영역 간 긴장과 갈등, 부패와 빈부 격차, 구성원들의 집단 반발과 시위 등 각종 부작용이 갈수록 심각해지는 것으로 알려진다.

셋째, 불완전한 계획과 통제에 따라 재화와 서비스를 생산·분배하면서 수많은 실수와 오류를 범하였다. 한 국가의 경제 상황은 수시로 변화하며, 그 변화를 예측하기란 결코 쉽지 않다. 당장 국내만 하더라도 경제는 물론이고, 정치·사회·문화 등 여러 분야에서 무슨 일이 발생하고, 이들이 어떻게 상호작용하며 어떤 결과를 가져올지 예측하기란 대단히 어렵다.

여기에 전 세계가 하나의 경제권으로 돌아가는 현실에서 원자재 수급 차질, 정치·경제적 돌발 사태 등 많은 변수가 수시로 발생한다. 언제 어떤 변수가 어떤 방식과 경로로 국가 경제에 영향을 미칠지 예측할 수 없는 것이다. 이런 상황에서 정부 주도로 모든 생산과 소비, 분배를 미리 계획·통제하고, 경제 변수를 앞서 예측·판단하며 대응한다는 것은 사실상 불가능하다.[49]

---

49 이는 인간에게 앎과 판단은 어떻게 가능한가라는 본질적 문제와도 연결된다.

여기에 더해, 각자 다른 생각과 욕구를 가진 수많은 개인들을 정부가 수립한 계획 실행에 동원해야 하는 정말 어려운 문제가 추가된다. 이런 점들을 고려하면 사회주의·통제경제의 실패는 어쩌면 너무도 당연하다.

이런 상황에서, 평등을 실현하기 위한 사회주의 실험은 생산과 분배에 대한 계획·통제 권한을 누가 장악하느냐의 싸움으로 변질되었고, 결국에는 혁명 주도권에 더해 경제의 계획·통제권, 재화와 서비스 운영·분배권까지 장악하는 거대한 권력을 탄생시키게 되었다. 그리고 이 거대한 정치권력은 자본주의의 비인간성을 넘어서는 심각한 인권 침해와 부패를 낳았다.[50]

사회주의·통제경제는 당초 목표로 삼은 '평등'은 사라지고, 정치적으로는 심각한 불평등과 억압이, 경제적으로는 '빈곤의 평등'에 더해 소수 정치권력이 부富까지 장악하는 절대 불평등으로 끝나고

온전한 앎과 판단은 사람의 정성과 한울님의 감응이 합쳐질 때 가능하다. 육신관념이 제거되지 않은 상태에서 인위적인 노력만으로 모든 것을 계획·통제한다는 것은 무모하며 오만하기까지 하다. 개인들이 본래성령을 회복하여 신(한울님)과 함께 하는 가운데, 각 경제 주체들의 자율적 판단을 보장하고, 이들 간 긴밀한 협력과 상의를 활성화시킴으로써 공동체 차원의 지혜와 능력을 융합하는 노력이 필요하다.

50 사회의 생산, 교환, 배분, 고용의 큰 부분이 정부에 의해 통제될 때 개인들 삶에 대한 정부 개입은 크게 증대한다. 그러한 엄청난 권력으로부터 전체주의 국가가 탄생할 수도 있다.(Leon P. Baradat & John A. Phillips, 권만학 옮김, 앞의 책, 232쪽)

만 것이다.[51]

다. 근본적 한계

사회주의·통제경제의 근본적인 오류는 유물론 즉, 오직 물질을 기준으로 인간 사회의 문제를 진단하고 처방을 제시한 데 있다. 인간과 사회로부터 신神을 제거해 버리고 물질적인 관점 즉, 생산수단과 생산관계를 중심으로 모든 논의를 진행한다.

물론 인간은 육신을 가진 존재인 만큼, 살아가기 위해서는 물질과 경제를 빼놓을 수 없다. 그러나 앞에서도 얘기했듯이 인간은 성령과 마음, 육신 3가지로 구성되어 있다. 나는 마음으로 내 안의 성령으로부터 지혜와 생명력을 받아 외부의 세상 만물을 활용하고, 주변 사람들과 감정과 생각, 말과 행동을 주고받으며 살아간다. 인간은 인정人情과 감성, 양심과 영성靈性을 빼놓고는 얘기할 수 없는 존재인 것이다.

이 우주도 한 개인처럼, 무형한 부분과 유형한 부분으로 구성되

51　호페는 그 밖에 사회주의 실패의 이유로 ① 재산의 인위적인 재분배로 사용자·생산자·계약자의 의욕 감퇴 ② 생산수단을 사고 팔수 없어 필요한 생산물품과 비용·우선순위에 대한 합리적 계산이 불가능하므로 비효율과 낭비초래 ③ 생산요소를 팔수 없어 이를 파괴될 때까지 과잉 사용 ④ 개인이 이윤을 소유할 수 없어 재화와 서비스의 질을 높일 이유가 없어지면서 품질 저하 발생 등을 지적한다.(MISES INSTITUTE KOREA 앞의 글)

어 있다. 무형한 부분을 해와 달과 별, 동물, 식물, 광물 등 세상과 만물이라 하고, 무형한 부분을 신神, 성령性靈, 한울님天主, 본래생명 등으로 부른다고 하였다. 사람을 비롯한 모든 유형한 존재는 무형한 곳에서 나왔으며, 각자 자기의 역할과 수명을 다하면 다시 무형한 성령性靈으로 돌아간다.

그러나 마르크스로 대표되는 서구 사회주의 유물론에는 이 무형한 성령, 한울님이라는 개념 자체가 없다. 세상과 사회에 대해 물질 중심의 생산수단과 생산관계에만 집중할 뿐, 눈에 보이지 않으나 한없이 넓고 크며 영원히 존재하는 성령의 세계를 일절 고려하지 않는다.[52] 뿐만 아니라, 어떤 면에서 데카르트의 '마인드'보다 더 편협한 '노동'의 개념으로 인간이 외부 세계와 관계를 맺는 방식을 설명하고 규정하려 든다.[53]

이처럼 사회주의는 이 우주와 세상, 인간에 대해 기본적으로 너무도 편협하고 왜곡된 이해에 기반해 있다.

물질이란 무엇인가? 앞에서도 보았듯이 실체가 분명한 줄 알았던 내 몸조차 에너지 흐름이거나 수많은 빈 공간으로 이뤄져 있다.

---

52 앞에서도 얘기했듯이 이처럼 신神을 부정한 채 인간의 불완전한 생각과 계획으로 지상에 이상향, 천국을 건설하려는 '이성理性 절대주의'가 바로 사회주의·공산주의이다.

53 인간 사회의 모든 문제, 인간의 외부 세계와의 관계를 오직 노동을 중심으로 물품을 생산·분배하는데 편중하여 살핀다.

이러한 물질의 본질을 생각하면, 사회주의의 한계도 보다 분명해진다. 인간의 육신을 비롯하여 유형한 물질은 그 생명이 유한하다. 하지만, 형상이 없고 손에 잡히지는 않지만 나와 세상 만물을 낳고 다시 나와 세상 만물 안에 들어와 살고 있는 성령, 한울님은 억 억만년 전부터 있어 왔고 억 억만년 후에도 존재한다. 그렇다면, 실체가 분명하다고 여긴 육신은 실체가 분명하지 않고, 도리어 형상 없는 성령의 존재가 분명함을 알 수 있다.[54]

사회주의의 유물론적 시각은 혁명으로 공산주의 사회가 실현된 이상향을 설명하면서도 설익은 생각을 보여 준다. 마르크스는 엥겔스와 함께 지은 『독일 이데올로기』에서 공산혁명 이후에는 인간의 모든 문제가 해결될 것처럼 묘사하고 있다.[55] 그러나 우리가 이미 잘 알고 있듯이 인간의 삶은 경제적인 문제를 해결하는 것만으로 결코 온전해지지 않는다. 설령 공산혁명이 성공하더라도 인간으로서 근본적인 고민과 문제는 남을 것이며, 오히려 더욱 선명하게 다

---

54 "육신은 백 년 사는 한 물체요, 성령은 천지가 열리기 전에도 본래부터 있는 것이니라. 성령의 본체는 온전하고 가득 차 나지도 멸滅하지도 아니하며, 더하지도 덜하지도 않는 것이니라, 성령은 곧 사람의 영원한 주체요, 육신은 곧 사람의 한 때 객체이니라." 손병희, 〈이신환성설以身換性說〉

55 "공산주의 사회에서는 사회가 전반적인 생산을 조절하기 때문에 사냥꾼, 어부, 양치기 혹은 비평가가 되지 않고서도 내가 마음먹은 대로 오늘은 이것을, 내일은 저것을, 곧 아침에는 사냥을, 오후에는 낚시를, 저녁에는 목축을, 밤에는 비판을 할 수 있게 된다."(Karl Marx · Friedrich Engels, 김대웅 옮김, 『독일 이데올로기』, 두레, 2015, 71쪽)

가올 것이기 때문이다.[56]

〈 사회주의·통제경제 체제 〉

구분	내용
가치관과 사상	■ 인간과 신神의 분리를 넘어 신 개념 폐지 ■ 평등 지상주의 ■ 계획·통제 경제 ■ 유물론唯物論
오류와 결함	■ 혁명과 '전체' 이름으로 인간 관계를 인위적 재조직 ■ 경쟁력과 창의력의 원천 제거 ■ 불완전한 계획·통제로 오류·비효율 심화
근본적 한계	■ 물질과 '노동'으로 인간 사회 문제진단 및 처방 강권 → 온전한 인간 이해와 올바른 해법 제시 실패

---

56 이돈화는 "세상이 만일 대중의 의사대로 투쟁의 목적을 달성하는 새벽에는 다시 투쟁이 없어질 것이냐?"며 "(그런 날이 오면) 새로운 창조욕, 심리적 욕구가 대두할 것인데 유물론은 이러한 인생의 근본적 욕구를 도저히 해결 불가능할 것"이라고 지적한다.(이돈화, 『신인철학(新人哲學)』, 천도교중앙총부 출판부, 1924, 26-27쪽 참고)

인간은 당장 육신이 유한하다는 데서 존재의 한계를 절감한다. 나는 과연 어디서 와서 어디로 가는지, 어떤 삶이 진정 가치 있는 삶인지, 그리고 진정한 행복은 무엇인지 등에 대한 고민과 회의는 그 어느 것으로도 쉽게 해결되지 않는다. 인간이 가진 이런 근본적 문제까지 고려하는 가치관과 사상이 진정 올바르고 바람직한 가치관과 사상일 것이다.[57]

잘못된 사회 제도와 규칙은 잘못된 인간관과 세계관에서 비롯되며, 잘못된 인간관과 세계관은 잘못된 우주관, 신관에서 비롯된다.

이상에서 보듯 자유민주주의·자본주의와 사회주의·통제경제는 오류와 한계가 있는 신관과 우주관에 기반해 있다. 그리고 이는 잘못된 세계관과 인간관으로 이어져 오류와 결함이 있는 제도와 규칙, 정치·경제 체제를 낳았다. 이는 결국 인류의 현실에서 각각 빈부 격차와 정치·경제 불안정, 절대 빈곤과 억압·통제로 나타났다.[58] 잘못된 체제가 실험되고 운영되는 과정에서 수많은 사람이 고

---

57 오히려 마르크스의 주장(『헤겔 법철학의 비판을 위하여 서설』)대로 '(허위의식을 강요하는) 종교가 추구하는 진리의 피안彼岸이 사라진 뒤에, 차안此岸(현실 세계)의 진리를 확립'하기 위해서라도 인간 존재에 대한 온전한 이해에 기반한 가치관과 사상의 정립은 반드시 필요하다.

58 '경쟁'과 '통제'는 육신에 안주하려는 인간을 일시적으로 노력하고 분투하게 만들 수는 있겠지만, 결코 온전하거나 지속가능하지 않다. 무엇보다 인간을 행복하게 만들 수 없다. 경쟁에서 이긴 사람은 이긴 사람대로 마음이 손상되고 진 사람은 진 사람대로 불만과 좌절이 쌓일 것이며, 통제를 하는 사람과 받는 사람도 점차 갈등을 빚고 서로 상처받으며 한울님과 단절되어 갈 것이다.

통을 겪었다. 심지어 우리나라는 동족 간 전쟁까지 일어나 수백만 명이 희생되는 비극을 겪었다.

　현재 우리가 직면하고 있는 정치·경제 분야의 많은 문제는 온전한 우주관과 신관, 인간관에서 그 근본 해법을 찾아야 한다. 우주자연과 이 세상, 무엇보다 인간에 대한 정확한 이해 위에 올바른 가치관과 사상을 정립하고, 그에 기반하여 올바른 정치·경제 체제를 마련할 때 모두가 가치 있고 행복한 삶의 길은 열릴 것이다.